Susanne Schädlich

WESTWÄRTS, SO WEIT ES NUR GEHT

Eine Landsuche

DROEMER

Besuchen Sie uns im Internet:
www.droemer.de

FSC
www.fsc.org
MIX
Papier aus verantwortungsvollen Quellen
FSC® C014496

Satz: Adobe InDesign im Verlag
Druck und Bindung: GGP Media GmbH, Pößneck
Printed in Germany
ISBN 978-3-426-27543-6

2 4 5 3 1

Für sie

Eins

»Amerika ist die Katze im Sack, das sag ich dir gleich«, hat sie gesagt, als ich sie das erste Mal traf. »Es ist nie das, was du erwartest, und immer genau das, was du erwartest.«

Mir war alles recht, zerrissen, wie ich war, wie das Land, aus dem ich kam, neunzehnhundertsiebenundachtzig. Ich hatte nur eines im Sinn: weg, bloß weg, nach Westen, so weit es geht, bevor es wieder Osten wird. Das habe ich ihr nicht gesagt.

Amerika sollte frei sein, unberührt von dem, was vorher war. Es war ein Neuanfang. Zuflucht unter Palmen. *Escape to Life*. Sie hatte ihre Gründe, ich die meinen.

Jetzt bin ich auf dem Weg zurück in die Stadt, die mich gerettet hat. Seit neunzehnhundertneunundneunzig das erste Mal. Es ist ihr Wunsch, dass ich komme. Für mich ist es ein Muss.

Etwa elf Stunden noch von London. Messbar, absehbar der Start und die Landung. Doch Zeit ist trügerisch. Ich kann ihr nicht vertrauen. Sie vergeht, heißt es. Das ist ein Irrtum. Wir vergehen. Die Zeit bleibt.

Ich habe das Gefühl, als flöge ich gegen die Zeit an. In Richtung Westen wird es für mich zum zweiten Mal Mittag an diesem Tag. Obwohl ich gewinne, verliere ich. Neun Stunden mehr für mich sind neun Stunden weniger für sie. Das Flugzeug soll schneller fliegen.

Ich blicke aus dem Fenster. An den Wolken könnte ich die Zeit messen. Es sind nirgends Wolken zu sehen. Das Flugzeug steht in der Luft. Ich fliege hin und zurück, denke ich. Ich fliege in das, was sein wird, und in das, was war.

Trotzdem weiß ich nicht, was auf mich zukommen wird. Ich glaube, es geht um Anfang und Ende. Oder Ende und Anfang. Oder beides. Fließende Übergänge, Einschnitte. Moment. Jede Minute zählt, ich zähle jede Minute. Ich habe Angst, zu spät zu kommen. Das ist möglich, so wie sie am Telefon klang.

Bevor ich sie das erste Mal traf, hatte ein Bekannter gesagt: »Die musst du kennenlernen. Ihr werdet euch lieben«, und gab mir ihre Telefonnummer.

Ich wusste noch nicht, dass sie aus Westberlin kam, beim Film gearbeitet hatte, dreizehn Jahre älter war. Ich wusste nicht, dass sie gesungen hatte und getanzt, nicht, dass sie um den halben Erdball gereist und nur drei Monate vor mir gekommen war. Ich wusste auch nicht, dass wir nicht reden mussten, um uns zu verstehen, dass wir vieles gemeinsam hatten, auch die doppelte Sicht.

Ich weiß noch, ich traute mich nicht, sie anzurufen. Ich spreche niemals Menschen an, die ich nicht kenne. Der Bekannte sagte, »Ruf endlich an. Ihr könntet euch auch brauchen in diesem gottverdammten Amerika«.

Ich rief an. Sie sagte, »Ich bin kaum länger hier als du. Der Bekannte hat gesagt, wir sollten uns kennenlernen. Wir würden uns lieben«.

Amerika war der Beginn meines dritten Lebens. Das erste war neunzehnhundertsiebenundsiebzig zu Ende gegangen. Manche sagen, das könnten sie nicht verstehen.

Erzähle ich es eben noch einmal.

Vielleicht so: Ein Mann, eine Frau, zwei Mädchen fahren in einem Auto im Winter. Ein Ausflug? Es ist kein Ausflug.

Es ist ein Auszug. Der Mann und die Frau sind Vater und Mutter der Mädchen. Das eine ist vier. Das andere ist zwölf. Das, das zwölf ist, bin ich.

Unser Vater ist Schriftsteller. Er hat ein Buch geschrieben. Das Buch durfte nicht erscheinen in der einen Hälfte des Landes. Veröffentlichte er es eben in der anderen. Das war gut, aber schlecht für uns.

Als einem Dichter und Sänger, der in der einen Hälfte des Landes nicht auftreten durfte, gestattet wurde, in der anderen Hälfte ein Konzert zu geben, wurde er in die Hälfte, aus der er kam, nicht mehr hineingelassen. Wie andere hat auch unser Vater seinen Namen auf die Protesterklärung gesetzt. Das war gut, aber schlecht für uns.

Unser Vater und unsere Mutter haben darüber geredet, als wir mit am Tisch saßen, am Abendbrottisch beispielsweise.

Ich habe hingehört. Ich wusste vieles, was viele nicht wussten. Ich habe vieles verstanden. Nur nicht, warum Vater und Mutter nicht *mit* uns sprachen, sondern über uns hinweg.

Oder sie haben mitgeteilt. Dass es einen Auszug gäbe. Meiner Schwester nicht einmal das.

Meine Schwester hält sich mit vier an mir fest. Ich glaube, sie weiß, dass ein Ende naht. Sie hat gesehen, dass Kisten gepackt wurden. Sie hat gesehen, dass alles verschwand. Die Möbel. Die Bücher. Das Spielzeug. Die Lampen von der Decke. Die Bilder von der Wand.

Das Schlimme ist, ich kann ihr nicht sagen, wann die Möbel wieder stehen, die Bücher in die Regale eingeordnet sein werden, wann sie wieder mit dem Spielzeug spielen wird. Wann die Lampen von der Decke hängen oder die Bilder an den Wänden. Vor allem kann ich ihr nicht sagen, wo.

Das Auto ist uns Schwestern ein Schiff. Wir stehen an einer Reling. Das Ufer entfernt sich. Ich halte meine Schwester an der Hand. Wir blicken zurück, unsere Welt wird kleiner. Die, in die wir fahren, kenne ich aus Erzählungen, ich kenne Schwarzweißbilder aus dem Fernsehen. Ich wollte mehr wissen, wann immer ich sie sah. Ich wollte, dass sich die Bilder aus dem Fernsehen mit Farbe füllten. Das wollte jeder, der diese Sender sah.

Ich weiß, als ich mit meiner Schwester an der Hand an der Reling stehe und sehe, wie unsere Welt kleiner wird, um die Endgültigkeit. Das Wort hat etwas Beängstigendes, Unerträgliches. Wir verlassen unser bisheriges Leben, unumkehrbar, für immer. Das ist wie ein Tod.

Die Neugier auf das, was uns erwartet, schwindet. Angst mischt sich ein. Ich wünsche diese Einmischung nicht. Sie verunsichert mich. Angst kennt keine Behutsamkeit.

Ich verwünsche Vater und Mutter, die uns herausreißen, die uns stehlen, was wir kennen und lieben, die uns mitnehmen, irgendwohin, selber nicht wissen, wie es werden soll.

Ich verwünsche Vater und Mutter und weiß gleichzeitig, es geht nicht anders, sie können nicht anders. Sie haben getan, was sie tun mussten.

Ich weiß das und bewundere sie.

Trotzdem diese Angst. Wie eine Angst vor dem Nichts fühlt sie sich an. Sie macht mich wütend. Wütend auf das Leben. Wütend, beraubt zu werden all dessen, was vertraut ist: meiner Klarinette. Ich werde sie nie wieder spielen. Das weiß ich noch nicht, aber es wird so sein.

Des Freundes, des ersten. Mit Tony bin ich fast jeden Nachmittag, bevor ich Klarinette spielte, ins Baumhaus geklettert, in unserem Wald, wo wir uns versteckt hielten vor Pioniernachmittagen, uns an die Hand nahmen, so, als müsste es heimlich geschehen, und Ausschau hielten nach der Welt und uns ausmalten, wie es wäre.

Ich werde Tony nie wieder sehen. Das weiß ich noch nicht, aber es wird so sein.

Ich bin wütend darauf, dass ich mich nicht wehren kann. Auf meine Schwester, weil sie zu klein ist, als dass ich mit ihr reden könnte.

Die Welt, die wir kennen, ist nicht mehr zu sehen. Das Schiff fährt auf offene See. Es wird still in mir.

Im nächsten Augenblick, mit gerade zwölf, bin ich erwachsen.

Das weiß ich noch nicht, aber es wird so sein.

Ich weiß, es ist ernst. Bitterernst. So steht es in den Gesichtern der Eltern. Das sieht auch meine Schwester. Vier ist eben nicht gleich vier. Ich weiß, es kann keine Rücksicht genommen werden. Auf niemandes Befindlichkeit kann Rücksicht genommen werden, wenn wir mit heiler Haut davonkommen wollen. Das ist die Welt der Erwachsenen. Und so wird es weiterhin sein.

Obwohl ich mit Vater und Mutter erfahre, was sie erfahren, die Abschiede, die Aufregungen, die Ungewissheiten, die Zuversicht, erfahre ich es anders als sie. Erfahre es auch anders als meine Schwester. Deren Wortlosigkeit in der Welt der Großen ist nicht zu messen. Das Leben ist noch nicht zu bleibenden Bildern geworden, die ein Boden sein können, der trägt, wie mich oder die Eltern. Sie fällt ins Bodenlose, und weiß nicht, ob sie aufgefangen wird.

Darum die Sache mit dem Fisch. In der Senatswohnung in Hamburg, der ersten Stadt in der anderen Hälfte des Landes, die mit fremden Möbeln spärlich eingerichtet uns kaum gastlich ist, ist ein Fisch in die Badewanne eingeritzt. Ein Defekt im Emaille soll eine Verzierung sein. Dieser Fisch am tiefen Grunde ist für meine Schwester alles Unwägbare um sie herum.

Mit Händen und Füßen wehrt sie sich, wenn es heißt: baden. Will sich nicht in das warme Wasser setzen. Ich setze mich mit hinein, auf den Fisch. Wahrheit. Sie schillert im Verborgenen und sie entgleitet dem Fischer. Meine Schwester kreischt und flieht.

Ich wollte ihr doch nur zeigen, bei mir bist du sicher.

Die Erinnerungsbilder sind für mich Konturen in der Hälfte, in der wir neu sind. Ich kann mit den Erinnerungsbildern die Zeit zurückholen.

Kirschen stehlen. Über Zäune klettern und auf Bäume. Sommer für Sommer. Freundinnen und ich. Wir kichern und pflücken und essen in fremden Gärten. Sobald sich ein Fenster öffnet, verstummen wir. Sobald sich eine Gartenpforte öffnet, verstummen wir. Niemand hört und sieht uns.

Oder: eine schöne Frau mit dunkler Haut in unserer Wohnung. Neunzehnhundertsiebenundsiebzig.

Ich frage: »Woher kommst du?«

»Aus Ohio.«

»Wo ist Ohio?«

»Ohio ist in Amerika.«

»Ist Ohio schön?«

»Ohio ist Ackerland, Sumpfgebiet, zerklüftete Berge und dichte Wälder. Es sieht Deutschland ähnlich.«

»Welchem?«

»Ich kenne nur das andere«, sagt sie.

»Ich kennte gerne beide.«

»Wenn man nicht reisen kann, weißt du, muss man lesen. Wenn du liest, bist du auf Reisen, und niemand weiß, wohin«, sagt sie.

»Liest du viel?«

»Ich bin in einem Haus voller Bücher aufgewachsen. Wie du.«

»Ist dein Vater ein Schriftsteller?«

»Er ist Forscher. Soll ich dir etwas verraten?«, sagt sie.

»Ja«, sage ich.

»Mein Vater hat in den Fünfzigern als erster Schwarzer eine Anstellung als Chemiker bei Goodyear gefunden.«

»Ich habe über diese Zeit in einem Buch gelesen. *Getötete Angst*«, sage ich.

»Du und ich, wir haben mutige Väter«, sagt sie.

»Wie heißt du?«, frage ich.

»Rita, Rita Dove.« Ihre Fingernägel sind knallrot. »Dove bedeutet Taube.«

Ich habe mein erstes englisches Wort gelernt.

»Golubka heißt das auf Russisch«, sage ich.

Jetzt sind wir Verbündete.

Ich und die amerikanische Dichterin, die zusammen mit den anderen Schriftstellern den Schriftsteller, der unser Vater ist, in der Hälfte besuchte, in der wir noch waren und dann nicht mehr.

Wenn ich die Zeit zurückhole, habe ich Boden unter den Füßen. Plötzlich wird er mir entzogen, wie von unsichtbarer Hand. Ich renne dagegen an. Alles ist unsicher. Auch Vater und Mutter.

Die Schwarzweißbilder aus dem Fernsehen sind farbig, lebendig, echt. Ich bewege mich in ihnen, aber ich bin das Negativ, die Umkehrung von allem. Ich kann nicht darüber reden. Die, die da sind, wo wir herkamen, verstünden nicht, weil sie dächten, worüber beschwert sie sich. Die, die da sind, wo wir sind, verstünden nicht, weil sie dächten, worüber beschwert sie sich.

Je weniger Platz ich einnehme in meinem Leben, denke

ich, desto besser. Bis ich weiß, welchen Platz ich einnehmen muss. Bis dahin tue ich so als ob. Ich lächle und rede nur, wenn ich gefragt werde. Bin wortgewandt, wenn es sein muss, und lässig. Bin Jeans und Sneakers, *Rivers of Babylon* und *Don't Let Me Be Misunderstood,* wenn auch nur scheinbar. In Wirklichkeit fühle ich mich unterlegen. Ich entwickle einen tapferen Individualismus, der mich gegen alles schützen soll. Schild ohne Schwert. Dahinter verstecke ich mein anderes Leben.

Nachts träume ich: Ich schlafe. Ich wache auf. Ich suche meine Mutter. Ich kann sie nicht finden. Mein Vater ist da. Ich frage ihn, »Wo ist Mama?«

»Mama ist nicht da«, sagt er und kehrt ein Häuflein Staub auf ein Kehrblech.

Der Traum kehrte immer wieder.

Ich verordnete mir Empfindungslosigkeit. Das erste Leben nicht mehr spüren. Es existierte da, wo ich jetzt war, sowieso nicht. Wenn ich es nicht mehr spürte, vielleicht verschwand es dann.

Ich wollte jedoch nicht, dass es ganz verschwand. Dann würde ich verschwinden.

Der Bekannte, der gesagt hatte, »Ihr werdet euch lieben«, konnte nicht ahnen, dass wir, nachdem wir uns das erste Mal getroffen hatten, es in diesem gottverdammten Amerika zusammen schaffen wollten, immer irgendwie weiterwussten, trotz der Rückschläge. Davon gab es weiß Gott nicht wenig.

Sie hätte gesagt: »What the hell. Das Leben ist eine Bühne.«

Stimmt. Amerika war unsere. Manchmal sogar in Träumen:

Ich bin mit Leuten in einem Prince-Konzert. Ich sitze weit hinten, und nach ein oder zwei Songs denke ich, ich muss näher ran. Alles besetzt. Nur auf der Bühne sind Plätze frei. Plötzlich kommt sie von der Seite. Ich zeige ihr die leeren Stühle. Wir klettern auf die Bühne, setzen uns und genießen das Konzert.

Ich weiß nicht mehr, ob sie geträumt hatte oder ich.

Neunzehnhundertneunundneunzig brauchte ich Amerika nicht mehr. Ich hatte erreicht, was ich erreichen wollte. Mich hatte erreicht, von dem ich erhofft hatte, dass es mich erreichen würde. Peace of mind.

Ich konnte zurück nach Deutschland, ins geeinte. Sie nicht.

Begegnungen fanden trotzdem statt. Wenn sie zu Besuch kam. Sie fuhr nach Köln zu ihrer Mutter, manchmal schaffte sie einen Abstecher nach Berlin. Kurz konnte sie die Stadt aushalten.

Und wir schrieben uns Briefe, wir telefonierten, manchmal stundenlang. Wir haben uns nicht verloren, auch wenn sie blieb, als ich ging.

Haben uns nicht unterkriegen lassen, und jetzt kriegt es sie unter. Amerika hat sie geschafft. Nein. Falsch. Sie hat sich geschafft. Es passt zu ihr. Mir nimmt es den Wind aus der Seele.

Zwei

Das Flugzeug landet. Es ist sonnig. Oktober in Los Angeles können warm sein. Vor der Landung habe ich die üblichen Papiere ausgefüllt, ich reise als Touristin ein. Meine Greencard ist seit Jahren abgelaufen. Ich werde mich in die Reihe stellen mit den anderen wie die anderen, mich den prüfenden Blicken der Officers aussetzen müssen, den Fragen. Nebensache. Hauptsache, sie finden die Dampfnudeln in meinem Koffer nicht. Ich soll sie ihr mitbringen.

»Frisch«, hat sie am Telefon gesagt, kurz bevor ich abflog, »und eingeschweißt.«

Die Halle ist dieselbe. Die Schlangen der Wartenden sind kürzer.

Es sitzen mehr Officers hinter Glasscheiben. Es sind Kameras angebracht an jedem Schalter.

Die Officers tragen schwarze Uniformen. Sie sehen beängstigend aus.

Ich warte nicht lange. Ich trete vor. Ich gebe meinen Pass.

Der Officer scannt ihn ein. Er bittet mich, in die Kamera zu blicken.

»Thank you.«

Er bittet mich, meine Finger der rechten Hand auf ein Lesegerät zu legen. Vier Finger.

»Thank you.«

Den Daumen.

»Thank you. Have you been in the US before?«

»Yes.«

»Grund Ihrer Reise?«
»Ich besuche eine Freundin.«
»Wie lange werden Sie bleiben?«
»Etwa eine Woche.«
Der Officer nickt nicht. Der Officer blickt nicht auf. Der Officer drückt einen Stempel in den Pass.
Drei Monate gültig.
Der Officer sieht mich an und gibt den Pass zurück.
Das alles dauert nicht länger als zehn Minuten.
An die Warterei von damals denke ich lieber nicht. Unendlich viele Menschen. Keine Kameras. Keine Scanner. Ich denke lieber nicht an die Angst.
Angst, dass sie mich nicht reinlassen würden, obgleich es der letzte Ausweg war. Nicht an die Stunden, die ich in dieser Halle stand, bis ich den Pass zeigte, er war noch grün, und die erste Frage kam:
»Have you been in the US before?«
»No.«
»Grund Ihrer Reise?«
»Ich will verschwinden. Ich kann gut verschwinden. Zumindest zur Hälfte. Das habe ich in Deutschland gelernt. Dorthin gehöre ich nicht.
Ich gehöre zu niemandem und nirgendwohin.
Darum habe ich mich davongemacht. Darum bin ich hier.«
»Sie sind Kommunistin? Kommunisten verschwinden bei uns nicht. Die haben wir im Auge.
Es kann aber auch sein, dass sie einfach verschwinden«, oder
»Kommunisten lassen wir nicht in unser Land.«
Nichts von dem.
Ich hatte gesagt, »Ich besuche einen Freund«.

»Wo werden Sie wohnen?«
»In Santa Monica.«
»Wie lange werden Sie bleiben?«
Ich hätte sagen müssen, »As long as it takes«.
Das sagte ich nicht.
Ich sage, »Three weeks«.
Der Officer gab mir drei Monate.
Aus drei Monaten wurden beinahe zwölf Jahre. Das hat der Officer nie erfahren.

Der Officer jetzt sieht davon nichts in seinem Computer. Es wundert mich nur einen kurzen Moment lang, ich zeige es nicht und gehe weiter in Richtung Zoll. Leitbänder weisen den Weg.

Rechts von mir tropische Farben auf grauen Tischen. Zwei Asiaten stehen ratlos vor geöffneten Koffern. Zollbeamte betasten mit Gummihandschuhen Gemüse und Obst.

Ich gehe auf einen Uniformierten zu, lächelnd und selbstbewusst, als dürfe ich an ihm vorbeigehen.

»Hello, how are you?«, sagt er.
»Fine. And you?«, sage ich.
»Oh, wunderbar. Haben Sie Lebensmittel dabei?«
Ich blicke unschuldig. »Nein«, und zucke mit den Schultern, »nichts.«
»Hm. Wie lange werden Sie bleiben?«
Ich sage zu leise oder undeutlich, warum, weiß ich nicht, »Just about a week, unfortunately«.
»Fortunately?« Seine Stimme ist wie ein Orkan.
Schnell, laut und deutlich sage ich, »No, unfortunately«.
»Ah, na wenn das so ist. Welcome to the United States.«

Ich biege nach rechts ab, es geht ein kleines Stück bergauf, bevor ich die Wartehalle betrete.

Es ist alles, wie es früher war. Links stehen Menschen mit Schildern oder ohne, warten auf Ankömmlinge, die abgeholt werden wollen. Es sind alte Bilder, die ich sehe, mit anderen Gesichtern.

Der Bekannte holte mich ab und fuhr mich in ein Motel. Er hatte einen Mercedes, schwarz mit einem weißen Nummernschild. B für Berlin. Er hatte das Dach abgesägt, weil er ein Cabriolet haben wollte. Er gab mir einen Ring, und wir gingen tanzen.

Heute werde ich nicht abgeholt.

Trotzdem gleitet mein Blick über Gesichter. Vielleicht soll ich überrascht werden.

Unüberrascht trete ich vor das Gebäude. Die Sonne scheint. Der Himmel lupenrein. Oktober können warm sein in Los Angeles.

Ich ziehe meine Jacke aus, suche eine Haltestelle für einen Shuttle, der mich zur nächsten Autovermietung bringen soll. Alle paar Sekunden ein Kleinbus. Budget, Alamo, Enterprise, Payless, Thrifty, Hertz, Dollar. Ein Mann will eine Spende haben für Obdachlose.

Ein Shuttle hält. Ich steige ein. Der Fahrer wartet auf weitere Fahrgäste. Ich wechsle die europäische Sim-Karte gegen die US-amerikanische aus, weil ich einen Freund anrufen will.

Sean.

Er kommt aus dem Iran. Dort hieß er Sharam.

»Ich bin's. Ich bin jetzt da.«

»Das ist gut. Fährst du jetzt zu ihr?«

»Ich fahre zu ihr.«

»Das ist gut.«

»Und du?«

»Weißt du doch, ich stehe immer wieder auf. Ich muss Los Angeles nicht mehr als den Ort erfinden, an dem es passieren wird. Das war einmal, bevor ich über die Grenze kam.

Los Angeles ist ein Traum in vielen Köpfen. Und eine Falle.«

»Ich liebe es nicht mehr.«

»Ich auch nicht. Oder doch. Los Angeles ist für mich wie eine Frau. Wir haben oft Streit miteinander. Aber dann liegen wir uns wieder in den Armen.

Wann sehen wir uns?«

»Vielleicht morgen.«

»Wir telefonieren. I'm happy you're here.«

Die Fahrt mit dem Shuttle dauert nicht lange.

Die Autovermietung ist geräumig und kühl. Ich stelle mich in den Wartebereich, eine Schlange bildet sich hinter mir. Darüber, zumindest, bin ich erleichtert. Um einen Kleinwagen bitte ich. Einen Kleinwagen bekomme ich, selbstverständlich. Eine Versicherung bräuchte ich. Eine Versicherung schließe ich ab, selbstverständlich. Reibungslos und freundlich. Mit dem Wagenschlüssel in der Hand soll ich hinausgehen, geradeaus bis Reihe siebzehn, bis zum Platz dreisechsundsiebzig E.

Aus der Kühle trete ich in die Hitze und möchte eine Zigarette rauchen, obwohl ich zu dieser Zeit des Tages nie rauche.

Statt zu rauchen, überlege ich, wie ich zu ihr komme. Nach zehn Jahren habe ich die Wege vergessen. Ein Zettel in meiner Hand, auf dem der selbstverständliche Mann von der Autovermietung mit einem Kugelschreiber eine schwarze Linie eingezeichnet hat, die mich bis zur nächsten Kreuzung führt und dann schon einmal in die richtige Richtung, beruhigt.

Ich gehe über den Platz geradeaus bis Reihe siebzehn und Platz dreisechsundsiebzig E und habe an die zweihundert Wagen gesehen.

Das Auto, das ich gemietet habe, ist ein Viertürer. Klein ist in Amerika immer größer. Ich verstaue den Koffer im Kofferraum. Ich steige ein. Ich überlege, ob ich über den Freeway fahren soll. Nachmittags stockender Verkehr auf fünf Spuren.

Ich entscheide mich dagegen.

Langsam fahre ich der Linie auf dem Zettel nach, die der selbstverständliche Mann von der Autovermietung eingezeichnet hat, bis zu einer Kreuzung. Von hier aus weiß ich, erst einmal in Richtung Norden.

Wüsste ich, was mich erwartet, führe es sich wie früher. Sprachen und Musik wehen mich an. Reminiszenzen aus der Gegenwart. Die Erde rechts von mir ist roh. Bohrtürme zerklüften einen Park. Links und rechts und vor und hinter mir Metall. Bumper to bumper, Stoßstange an Stoßstange. Das ist der Rhythmus der Stadt. Ich gebe mich ihm hin, sonst werde ich verrückt, weil es sich nicht wie immer fährt, weil ich ankommen möchte, weil ich endlich bei ihr sein will.

Meile für Meile erinnere ich mich an den Weg. Die Straße wird nach einer halben Stunde oder mehr zu einem Hügel. Dort, wo die Straße zu einem Hügel wird, ist sie von Palmen gesäumt. Dort, wo die Straße von Palmen gesäumt ist, hätte ich einen Blick auf die Stadt und sähe, was sie verspricht. Dort biege ich auf Sunset ab, wo der Boulevard gerade noch Strip ist, eine und eine halbe Meile Restaurants, Billbords, Boutiquen, Clubs. Ich fahre in Richtung

Osten. Sunset – wo die Sonne aufgeht, nicht unter, wo die Palmen weniger werden, die Häuser niedriger und die Farben blasser. Wo Gitter an Fenstern zu sehen sind und keine Mauern um parkähnliche Wiesen, auf denen man die Villen suchen muss. Wo auch schon einmal ein Einkaufswagen geschoben wird, in dem nicht Einkäufe gestapelt sind, sondern eine Einrichtung für die Straße. Ich lasse mich treiben bis Vermont. Das ist kein Ort hier. Es ist eine Straße. Nicht hässlicher als andere.

Auf Vermont bin ich orientierungslos.

Hier muss das »Dresden« sein.

Da sind wir hin, sie und ich, manchen Abend, wenn Elayne und Marty spielten, das ewige Duo. Marty wollte Sinatra sein, Elayne Falsett. Die Jazzer und Swinger aus den Sechzigern am Kontrabass oder Klavier. Manchmal auch Flöte. Sie haben die Zeit für sich angehalten. Dass die Zeit nicht bei ihnen angehalten hatte, kümmerte sie nicht. Auch darum gingen wir hin. »Dresden« boomte, wenn Marty und Elayne spielten. Während wir die musikalischen Patzer zählten, waren Marty und Elayne glücklich, ihr dream came true, gleich um die Ecke von da, wo wir wohnten.

Ich führte auch andere hin. Einmal ein Fernsehteam. Bekam einen Anruf. Es kämen Leute aus Deutschland, bräuchten einen city guide. Ich hatte keine Arbeit. Ich kannte mich schon aus. Ich hatte ein Auto.

In meinem cremefarbenen Mercury fuhr ich einen Kameramann, einen Sportreporter und einen Tonmeister durch die Stadt der Olympischen Spiele an die Stätten des Sports. Aber nicht nur. Einmal Downtown. Ein bump, keine Unebenheit in der Straße, ein Obdachloser. Man stolperte über sie, damals, überall.

Aussteigen.

Der Obdachlose saß auf dem Bürgersteig, an eine Mauer gelehnt.

»We are from Germany. We are making a documentary.« Befragt sollte er werden.

»Sure. Come on here. Welcome. So I'll be on German TV?«

»Erinnern Sie sich an die Olympischen Spiele neunzehnhundertvierundachtzig?«

»Sure, man. War ich schon hier. In L.A., meine ich. Hab ich noch gearbeitet. Bau. Frau und Kinder und all das. Waren doch die verdammten Spiele des Boykotts. Sure I remember. Kalter Krieg. Operation Urgent Fury. Ronald Reagan. Amerika ist zu groß für kleine Träume, motherfucker. You wanna sip?«

Der Mann hält uns eine Flasche entgegen.

»Danke, sehr freundlich von Ihnen.«

»Was great, man. Tolle Spiele. O.J. Simpson, kennt ihr doch, The Juice, hat die Fackel getragen. Carl Lewis ist gelaufen wie der Wind. I do fucking remember. Reagan hat die Spiele eröffnet. Goddamn right. Casino America. Faites vos jeux. Machte seine reiche Kumpels steinreich und das Leben der Armen erbärmlich.«

»Sind Sie darum, wo Sie sind?«

»Du liegst im Bett, das du dir machst. I love America. I am proud to be an American.«

Am Abend gingen wir noch aus. Ein Kameramann, ein Sportreporter, der später Talkmaster geworden ist, ein Tonmeister, ich. Und sie.

Ich habe gesagt, komm. Sekt in rauhen Mengen, umsonst. Im »Dresden«. In Los Angeles.

Los Feliz heißt die Gegend hier – ersetzte ich das »z« durch die Endung »ces«, hieße es »die Glücklichen«. Ich habe mich immer gefragt, wo die Endung geblieben ist.

Ich biege in eine Querstraße und weiß einfach, weiß absolut nicht weiter. Es ist lächerlich, denn hier habe ich gewohnt. Fast vier Jahre lang.

Ich halte neben einem Wagen. UPS. Das Fenster der Beifahrerseite senkt sich lautlos.

»Excuse me. Könnten Sie mir helfen. Ich suche Ambrose Avenue.«

»Honey, fahren Sie einfach noch ein Stückchen geradeaus. Da vorne biegen Sie links ab, sweety. Dann die zweite links und schon sind Sie da.«

»Thank you so much.«

»My pleasure, sweetheart, have a nice day.«

Ich fahre, wie der UPS-Mann beschrieben hat, biege in die Ambrose Avenue, parke. Es ist fast vier Uhr nachmittags. Die Schatten werden länger. Das Licht der Sonne kündigt die Dunkelheit an.

Ich steige aus. Mir versagen die Knie. Wie soll ich dort reingehen? Was soll ich sagen? Ich weiß nichts. Ich weiß alles.

Wie oft bin ich diese Straße entlanggelaufen, von mir zu ihr oder von ihr zu mir. Wie oft ist sie diese Straße entlanggelaufen, von sich zu mir oder von mir zu sich. Abends oder tags. Keine fünf Minuten zu Fuß, null Kilometer Luftlinie.

Laufen. Wer in Los Angeles läuft, ist entweder arm oder verrückt. Oder aus Europa.

Wir waren ein bisschen arm, ein bisschen verrückt und aus Europa. Sind immer gelaufen, in West Hollywood, in Silverlake, in Santa Monica oder Venice. Überall gewohnt, überall gelaufen.

Ich nehme die eingeschweißten Dampfnudeln aus dem Koffer und schließe das Auto ab. Überquere die Straße, gehe auf den Apartmentkomplex zu, in dem sie wohnt. Hohe Palmen stehen wie Wächter rechts und links neben dem Weg zum courtyard. Hohe Palmen stehen auch am Pool, das Wasser eisblau – die Augen von Steve McQueen.

Drum herum das zweistöckige Hufeisen aus den vierziger Jahren, in denen sich die Apartments befinden. Überwiegend One-bedrooms. Mieten horrend. Der Garten üppig. Eden in L.A. für Singles, Frauen und Schwule. Und Katzen.

Ich steige die Treppen zu ihrer Wohnung hoch. Jede Stufe ist ein Magnet. Meine Schritte sind schwer. Scheiß Angst.

Ich bleibe vor der Tür stehen. Ich atme tief durch. Erst dann klopfe ich. Die Tür öffnet sich.

Eine Frau steht da in weißem Kittel. Später sagt sie, sie heiße Winsom.

Ich sage, wer ich bin.

»She is waiting for you«, sagt Winsom.

Die Wohnung: Alles, wie es war. Vor dem Wohnzimmerfenster der Katzenkorb, ein Kissen darin. Der Kater ist seit zwei Jahren tot.

Winsom schließt die Tür. Von da, wo ich stehe, noch an der Wohnungstür, sehe ich durch Wohnzimmer und Flur sie in ihrem Bett.

Plötzlich sind alle Vorstellungen, die schlimmsten, fort. Alle Angst, die schlimmste, sie ist fort. Aufgelöst.

Ich gehe durch das Wohnzimmer, durch den Flur, einfach hin, ohne zu sehen, wie sie aussieht, ich sehe nur sie, gehe einfach hin, zu ihr, und sage:

»Ich bin da.«

Ich nehme ihre Hand, ich streichle ihren Arm.

»Oh, my God, du bist da. Ich kann es nicht fassen.«

»Gelandet und sofort gekommen.«

»Deine Hände sind kalt.«

»Obwohl es draußen warm ist«, sage ich, gehe ins Bad und lasse heißes Wasser über die Hände laufen.

Danach setze ich mich wieder an ihr Bett.

»Mann, Mann, Mann, was machst du nur.«

»So'ne Scheiße«, sagt sie. »Ich hab's doch gesagt, weißt du's noch?«

»Amerika ist die Katze im Sack.«

»Und ich mache jetzt hier so'n Theater.«

Wir halten uns an den Händen.

»Weißt du, manchmal frage ich mich, ob ich zu viel schlafe«, sagt sie.

»Ja.« Ich weiß nicht, was ich sonst sagen soll. »Du musst nicht sprechen, wenn es dich zu sehr anstrengt«, sage ich darum.

»Ja«, sagt sie.

»Ich habe dir Dampfnudeln mitgebracht!«

»Du hast wirklich welche mitgebracht?«

»Du hast doch gesagt, dass ich sie mitbringen soll.«

»Besser, du legst sie in den Kühlschrank«, sagt sie. »Für später.«

»Ja«, sage ich und es frisst mir mein Herz auf.

Im Kühlschrank lagern Säfte aller Art, Fruchtsmoothies und Gemüsesaft. Kokosnusswasser, alles organic. Sekt.

Ich setze mich wieder an ihr Bett. Nebenan läuft der Fernseher.

»Jim hat mir einen Brief für dich mitgegeben. Ich stelle ihn hier auf den Nachttisch.«

Sie nickt.

Wir schweigen einfach eine Weile. Das konnten wir schon immer gut miteinander. Jetzt passt es nicht.

Es kommt mir wie eine Zuwiderhandlung vor. Wider das Leben. Als schwiege ich es tot.

Früher war es ein Abkommen, ein stillschweigendes. Vielleicht war das ein Fehler. Von wegen: Reden ist Silber, Schweigen ist Gold. Schweigen ist Liegenlassen, ist Vergessen. Nein. Für uns in Amerika, für unser Amerika, mussten wir nicht wissen, was vorher war. Es hätte nichts geändert.

Ich sehe mich um. Auf dem Nachttisch steht ein Glas. In dem Glas steckt ein Lolli. Ein Schwammlolli in Wasser. Einer Pfütze Wasser. Komisch. Wasser, sie und ich. Das gehört irgendwie zusammen.

Wie unser Schweigen. Geschwiegen haben wir meistens an irgendeinem Wasser.

Ich habe Orte vor Augen: Santa Barbara. Einfach losgedüst mit dem Auto. An wieder irgendeinem Sonnentag in Kalifornien. Ich habe die Sonne gesehen, und es stand fest. Hin zu ihr, um zwei Ecken, und ohne zu klopfen rein.

Hab gesagt, »Pack ein paar Sachen, wir fahren nach Santa Barbara. Paul besuchen«.

»Paul besuchen?«

»Warum nicht Paul.«

»Warum eigentlich nicht Paul.«

Sie packte ein paar Sachen, gab dem Kater zu fressen, und dann sind wir rüber zum Supermarkt, zu Fuß, ein paar Fruchtsmoothies kaufen, Wasser, Muffins, mit Vorliebe carrot, coffee to go für mich im Coffee Shop, den gibt es heute noch. Anschließend den Sunset entlang in Richtung Westen, die Lilith aller Straßen, rauh und hell und üppig und grün sich windend, sanft und scharfkantig, trügerisch. Fünfunddreißig Kilometer bis zum Meer und nach rechts auf den PCH, Highway 1, mit *California Dreaming* aus dem Radio vorbei an Strandvillen, geharkten Stränden, Surferboys und Baywatch-Girls und ausgedörrten Bergen.

Santa Barbara ist das Gegenteil von Los Angeles. Wie ein zufriedener Opa im Schaukelstuhl lehnt sie am Wasser, diese Stadt, und es ist einfach einmal langweilig.

Wir fuhren zu Paul in die Hügel, zum Holzhaus mit Holzwhirlpool, und setzten uns hinein und schwiegen. Eine Stunde lang. Es gibt sogar ein Foto.

Abgebildete Erinnerung. Eingeklebt oder lose in einem Koffer, wie in dem in Berlin unter meinem Bett. Darin liegen alle diese Fotos aus all diesen Jahren. Diese Fotos könnten wir vor uns hinlegen. Bilder sprechen. Sie sprächen zu mir. Aber nicht mit mir.

Stattdessen führe ich Selbstgespräche.

Wir lebten schon Jahre in Los Angeles. Mindestens sechs. Im siebten Jahr wohnten wir einmal wieder zusammen. Das machten wir öfter, auseinander ziehen und zusammen. Manchmal lagen Monate dazwischen, manchmal ein Jahr. Es kam auf die Umstände an. Auf ein bestimmtes Gefühl. Es hatte damit zu tun, ob wir das, woher wir kamen, vergaßen oder uns mehr nach dort hingezogen fühlten.

Wenn wir vergaßen, nicht absichtlich, will ich sagen, es war kein Akt des Willens, das Vergessen stellte sich ein, wie nebenbei, ein Nebeneffekt des Lebens, wenn wir also vergaßen, waren wir hier, voll und ganz, sahen wir uns selten, wohnten wir allein, waren wir übertrieben amerikanisch. Was war oder woher wir kamen, belastete nicht.

Irritationen konnten immer kommen, unerwartet. Die Lust auf ein dunkles Brot konnte das Gummiband sein, das uns festhielt und plötzlich zurückschnippte, rasend schnell. Das verunsicherte.

Wenn wir verunsichert waren, sahen wir uns oft, zogen wir zusammen. Gemeinsam die Verletzlichkeit aushalten. Wenn wir uns verletzlich fühlten, schwand die Einwanderer-energie. Wenn sie schwand, hieß das: Batterien aufladen. Sie meine, ich ihre.

So war es auch, als wir in das Haus auf Laurel Avenue zogen, in Hollywood, West Hollywood. Ich glaube, wir waren schon acht Jahre in Los Angeles.

Das Haus war gelb. Das Haus hatte einen Garten. Vor das Fenster meines Zimmers mit Blick auf Blumen und Bäume stellte ich den Schreibtisch. Am liebsten stelle ich ihn so. Damit ich die Zeit sehe. Durch die Fenster meiner Arbeits-zimmer sehe ich die Zeit. Die Zeit des Tages. Die Zeit des Jahres. Die Zeit, die ich irgendwo verbracht, die Zeit, in der ich irgendwo irgendetwas getan habe.

Die Zeit ist vielfarbig. Ein Blatt hat um acht Uhr morgens eine andere Farbe als um neun. Das Grün ist nicht jedes Jahr gleich grün. Der Blick aus dem Fenster ist der Blick auf Begegnungen, Ereignisse.

In Deutschland sehe ich eine Kastanie. Im Haus auf Laurel war es eine Stechpalme. Holly. Baum des ewigen Lebens, der Gesundheit, des Glücks. Geist des Pflanzenreiches und der schwindenden Kraft der Natur. Holly King, der Wächter vom Spätsommer bis in den Winter, bis er von seinem Bruder besiegt wird, von Oak King.

Ich saß am Schreibtisch. Ich arbeitete.

Sie passte auf das Haus von Maximilian Schell auf, nicht baby-, sondern house-sitting, wenn er nicht da war. Es war ein Job. Sie arbeitete sowieso für Maximilian Schell. Sie erledigte Büroarbeiten. Sie assistierte ihm bei der Arbeit an einem Buch.

Wenn er also wegfuhr, auf seine Alm, wie sie sagte, dann

blieb sie in seinem Haus in Beverly Hills. Er hätte sie nicht in dem Haus bleiben lassen, hätte er ihr nicht vertraut. Er hätte sie nicht in sein Arbeitszimmer gelassen, hätte er ihr nicht vertraut. Er hätte ihr nicht die Seiten für sein Buch diktiert, hätte er ihr nicht vertraut. Er hätte sich nicht mit ihr unterhalten. Nur manchmal erzählte sie. Von klassischer Musik, die er hörte, laut.

Sie sagte, »I love it«.

Von dem kleinen Prinzen, über den sie oftmals sprachen.

Sie sagte, »I love it«.

Einmal erzählte sie, er habe gesagt, hier, wo sie seien, sei geistige Wüste. Sie habe gesagt, sagte sie, *es macht die Wüste schön, dass sie irgendwo einen Brunnen birgt.* Er habe gesagt, sagte sie, »I love it«.

Es war heiß. Ich war einsam. Ich machte eine Pause.

Sie rief an. »Pack ein paar Sachen und komm her. Es ist herrlich.«

Ich bin ins Auto gestiegen, zum Supermarkt gefahren, habe Obst, Wasser, Muffins gekauft. Anschließend Santa Monica entlang in Richtung Westen. Die Rasenflächen links und rechts des Santa Monica Boulevard sind ein Niemandsland, das sich schützend vor die Häuser derer legt, die hier wohnen, die nie zu sehen sind. Die Rasen sind grüner als fast überall anderswo in der Stadt. Es muss hier mehr Wasser geben.

An irgendeiner Straßenecke bog ich rechts in die Hügel. Ich parkte vor dem Haus. Ich klingelte. Sie öffnete die Tür, schon im Bikini. Wir setzten uns an den Pool. Wir schwiegen. Als wir genug geschwiegen hatten, schwammen wir, aßen wir Erdbeeren und Muffins und redeten.

»Schell hat mich gefragt, warum ich hier sei. Warum ich bliebe. Ich habe mit den Schultern gezuckt, ich wollte es nicht sagen. Er sagte, Los Angeles sei längst verdurstet. So, glaube ich, hat er es gesagt. Oder ich habe es geträumt«, sagte sie.

Wir lachten.

Ich sagte, »Er hätte auch Curt Goetz zitieren können«.

»Curt Goetz?«

»Schriftsteller und Schauspieler. Er ging neunzehnhundertneununddreißig nach Hollywood, wollte Filme machen. Sagte das, als sei das wie Suppe kochen. Der erste September kam an einem Freitag. Goetz blieb hier.«

Jedenfalls hätte Schell Goetz zitieren können und hätte mir aus der Seele gesprochen: *Du möchtest arbeiten, aber die Hitze erschlafft dich. So möchtest du ausruhen, aber deine Sinne sind zu wach. Zu denken traust du dich, entwurzelt und seelisch allein, schon lange nicht mehr.*

Sie sagt, »Du musst doch müde sein. Nach der langen Reise«.

Ich bin müde. Ich möchte bleiben. Aber weil ich müde bin, möchte ich losfahren, bevor die Dunkelheit einbricht. Sonnenlicht könnte die Fahrt erleichtern.

Ich sage, »Es dämmert, ich möchte fahren, bevor es dunkel ist. Es wird eine Stunde dauern nach Santa Monica. Ich komme morgen wieder«.

»Weißt du, worauf ich Lust habe? Königsberger Klopse«, sagt sie.

Der Satz bleibt irgendwo hängen, zwischen ihr und mir, obwohl die Worte bei mir ankommen. Ich denke, dieses verfluchte Gericht, diese Banalität aus Rindfleisch mit Kapern verdammt mich zur Sprachlosigkeit, als blieben mir die Fleischbälle im Halse stecken. Sie muss wissen, dass sie keine Königsberger Klopse essen kann. Ich weiß, dass sie keine Königsberger Klopse essen kann.

»Morgen gibt es Königsberger Klopse«, sage ich.

»Mit Kartoffeln«, sagt sie.

Ich gebe ihr einen Kuss auf die Stirn. Ich sage, »Bis morgen«.

Ich gehe ins Wohnzimmer, wo Winsom vor dem Fernseher sitzt.

Ab und zu war sie ins Zimmer gekommen, hatte sie aufgesetzt, ihr eine Flasche gereicht, eine von denen aus dem Kühlschrank. Sie hat eine Flasche gehalten, mit beiden Händen, und Saft, entweder Gemüse oder Frucht, oder erst Gemüse und dann Frucht, erst aus einer und dann aus einer zweiten Flasche durch einen Strohhalm getrunken. Danach Kokosnusswasser.

Ich sage zu Winsom, »Ich komme morgen wieder«.

Winsom steht auf. »Okay, no problem. Sie ist stark, you know. Sie hat auf dich gewartet. Was sie will, das mache ich. That's the way it is.«

»Das ist sehr gut. Ich danke Ihnen.«

Die Tür schließt sich hinter mir. Von draußen höre ich den Fernseher. Bei ihr lief der Fernseher so gut wie nie. Keine Ahnung, warum sie einen hatte.

Ich gehe die Treppen hinunter. Auch nicht viel leichter jetzt. Die Augen von Steve McQueen sind halb geschlossen.

Ich rauche eine Zigarette, bevor ich ins Auto steige. Danach fahre ich auf dem Santa Monica Boulevard, vorbei an Straßen, die Stationen waren im Leben, und immer weiter geradeaus.

Der Santa Monica Boulevard führt durch die ganze Stadt. Er ist ein Krake, der viele Arme hat, kräftige und schmächtige. Die schmächtigen streckt er nach Läden und Restaurants und Wohnhäusern aus. Dort fahre ich gerne. Mit den kräftigeren Armen greift er nach Autos, die von Auffahrten von rechts sich auf den Boulevard schieben, als zöge sie sein Schlund an. Er wird sie nie wieder ausspucken.

Auf Santa Monica verliere ich das Gefühl für Geschwindigkeit. Auch Santa Monica Boulevard führt irgendwann ans Meer.

Ich parke den Wagen auf dem Parkplatz vor dem Motel, in dem ich wohnen werde. Ich hätte mir näher bei ihr ein Zimmer suchen können. Das wollte ich nicht. Ich wollte ans Meer. Dorthin, von wo aus ich neunzehnhundertsiebenundachtzig startete. Dorthin, von wo aus ich die ersten Schritte machte in meine neue Welt.

Ich habe also absichtlich ein Zimmer in diesem Motel gebucht. Weil ich jetzt nicht nur zurückkomme.

Das ahnte ich schon, bevor ich im Flugzeug saß.

Das Motel ist ein Quader mit Fenstern. Grau. Flaggen wehen an Masten.

Das Motel war ein Quader mit Fenstern. Grau. Flaggen wehten an Masten. Das Zimmer war ein Bett, ein Fernseher, ein Telefon, ein Einbauschrank, ein Bad, eine Dusche, ein Fenster. Eine Fensterklimaanlage. Das Zimmer kostete wenig.

Von hier aus lief ich über die Straße hinweg zum Strand, so wie jetzt, bevor ich in das Motel gehe, einchecke, das Zimmer ein Bett, ein Fernseher, ein Telefon, ein Einbauschrank, ein Bad, eine Dusche, ein Fenster, eine Fensterklimaanlage.

Ich laufe ganz, ganz nah ans Meer. Ohne Schuhe durch den Sand, bis die Wellen meine Füße berühren. Stehe einfach da und blicke hinaus.

Ich setze mich, am frühen Abend ist der Sand kühl, und lasse mich auf meine Gedanken ein.

Warum ich ausgerechnet an Telefonzellen denken muss, kann ich nicht sagen. Ich denke aber an die Telefonzellen, die hinter mir an der Promenade stehen müssten und die es nicht mehr gibt.

Genau dort hinten, zwischen den blauen offenen Telefonzellen, hatten wir uns herumgedrückt. Jede hatte sich eine eigene ausgeguckt. Wir hatten so getan, als wollten wir telefonieren. Wir sind an die Zellen gegangen, haben den Hörer abgenommen und lange Telefonnummern eingetippt, die nirgendwo klingelten.

Das sähe jemand, das wussten wir.

Wenn es jemand sähe, käme jemand. Immer aus dem Nichts oder hinter einer Palme hervor.

»Ts.«

Ich deutete mit dem Finger auf mich.

Der Kopf nickte. Der Kopf machte eine Bewegung, die hieß, hierher.

Ich legte auf und ging hin.

»International? Five bucks.«

Jetzt nickte ich. Ich gab fünf Dollar, jemand gab mir einen Zettel, auf dem eine Nummer geschrieben war. Ich steckte den Zettel ein.

»Null drücken, auf den operator warten, Nummer angeben, Telefonnummer ansagen und dann kannste reden. Got it?«

»Klar«, sagte ich selbstsicher. Danach, ein wenig vorsichtiger: »Do you have greencards?«

»Five bucks.«

Ich nickte wieder. Ich gab fünf Dollar, jemand gab mir eine grüne Karte, und dann war jemand weg.

Social Security Nummern gab es auch zwischen den Telefonzellen von jemandem. Ich wollte lieber sparen. Ich hatte an dem Tag noch fünfundzwanzig Dollar in der Tasche.

Ich ging zur Telefonzelle, ich nahm den Hörer ab. Touchtone am Strand. Neunzehnhundertsiebenundachtzig. Ich drückte die Null und hörte die Stimme vom operator. Ich sagte die Nummer der Karte und die Nummer, mit der ich verbunden werden wollte, und dann klingelte es in Deutschland, und ich erzählte. Wie oft habe ich auf diese Weise angerufen.

Wie ewig ist das schon her.

Drei

Ich habe ausgeschlafen. Ich dusche. Ich lasse mir Zeit. Das geht schneller, als sich zu beeilen.

Während ich mich langsam beeile, denke ich: Regen. Und sitze plötzlich im Schiguli – so sage ich immer noch, auch wenn die Autos längst Lada heißen –, wir, Vater, Mutter, meine Schwester und ich, fahren aus der Hauptstadt nach irgendwohin. Regen rinnt am Fenster entlang. Von rechts oben nach links unten. Tropfenrennen an der Scheibe. Dahinter bald ein Wald.

Landschaft der Vergangenheit. Hier wie dort.

Verdammt, es ist alles verrückt, nicht an der richtigen Stelle. Vielleicht irre ich. Vielleicht rückt jetzt alles an die richtige Stelle. Mein Hiersein ist ein Sich-Herantasten an eine Antwort. Es ist ein Rückwärtszählen.

Es geht jetzt um die Einordnung der Dinge, um Überprüfung. Vor allem geht es um sie und um mich. Vor allem geht es um mein Amerika. Vor allem geht es um ihr Amerika.

Los Angeles war *unser* Amerika. Bilder. Palmen, Strand, Stars, Stripes auch, Hollywood, Film. Aber auch gebratene Hühnchen, überfüllte Wohnquartiere, Swimmingpools, Immigration and Naturalization Services, Kakerlaken. Immerhin ein Anfang der Ordnung. Der Erinnerungsordnung.

Ein Anfang des Nachdenkens, auch des Denkens danach.

Neunzehnhundertsiebenundachtzig war die zweite Flucht, in *mein* Leben. Überstürzt, irgendwie, und doch vorbereitet. Bewusst, wenn auch nicht zu Ende gedacht, nicht leichtfertig, aber leicht.

Aufreibend ist es und beschwerlich, sich zu verweigern dem Herkömmlichen, habe ich bei Hans Sahl gelesen. Den Satz habe ich mir gemerkt.

Über die Dimensionen machte ich mir keine Gedanken. Ich wäre nie gekommen.

Ich hatte einen Flug gebucht und war gelandet. Und als ich da war, musste ich sehen, wie es weitergehen würde. Geld hatte ich so viel dabei, dass ich wenigstens die ersten Wochen über die Runden kommen könnte, um mich einzugewöhnen, die Stadt kennenzulernen, vorzutasten in das Neue.

Das Geld war schneller ausgegeben, als ich gedacht hatte. Also jobben.

In einer Imbissbude am Strand, deren Besitzer von Deutschland träumte, brauchte ich keine Greencard vorzuzeigen. Ich habe den Job genommen.

Dirndl und Volksmusik, Oktoberfest am Muskelstrand. Schwitzend sich über Wasser halten, sechs Tage die Woche, acht Stunden am Tag. Ich verkaufte Bier und Bockwurst. Servierte vorwiegend an Deutsche und Österreicher, die in Los Angeles Urlaub machten und sich nach Wurst sehnten und Bier und österreichisch und deutsch.

Der Besitzer stellte darum nur Österreicherinnen und Deutsche ein. Morgens um zehn Uhr schon:

»A Wurscht and a beer, please.«

»You have muschtard, bitte?«

»You speak German?«

»I hätt gern a bisserl Brot.«

Ich tat mir selber leid. Und die anderen Mädels sich auch und wir alle uns allen. Und weil es so war, haben wir manche Bestellung nicht eingebongt, sondern als Trinkgeld verbucht. Reich wurde ich nicht, aber es war ein Beginn.

Ich hatte mich auf meinen Weg begeben. Dass ich das Ziel erreicht hatte, wusste ich erst, als ich es erreichte. Wie ein Zug, dessen Strecke noch nicht feststeht, auf der erst noch Gleise gelegt werden müssen, bevor er weiterfahren kann, möglicherweise um einen Berg herum oder über ihn hinweg, je nachdem, bis der Zug da ankommt, wo er ankommen soll.

Und jetzt? Ich werde das Gefühl nicht los, es wird ähnlich sein.

Nach dem Duschen habe ich mich geschminkt. Ich bin angezogen. Ich habe den Koffer ausgepackt. Ich verlasse das Zimmer und gehe in den Frühstücksraum. Den gibt es hier, obwohl es nur ein Motel ist.

Ich setze mich an einen der Tische an einem Fenster. Ich bestelle Toast und Marmelade und einen Kaffee. Als ich den Toast mit Marmelade bestreiche und Kaffee trinke, ist das Gefühl von *Damals* da. Ein Schabernack. Ein Selbstbetrug. Ein Zwang. Ein Trost, denn ich spüre sie, sehe sie, wie sie Obst in einen Joghurt schneidet.

Raum-Zeit-Falle. Ich trinke Kaffee, sie irgendeinen Tee von irgendeinem Pilz, der in einer Schüssel auf dem Fensterbett in der Küche steht, den sie hegt, begießt, weil er verjüngend wirken soll. Das Ding wurde immer größer. Ich habe Alpträume geträumt.

Als sie keinen Tee mehr getrunken hat, hat sie Wasser getrunken. Ich blieb bei Kaffee. Wir sitzen am Tisch und frühstücken.

»Gestern Abend, es war schon spät. Ich habe an meinem Schreibtisch gesessen. Von der Straße her kam eine Stimme, laut wie durch ein Megaphon. This is Jesus knocking on your door«, sagt sie.

»Mach nie die Tür auf, wenn es klopft und du nicht weißt, wer es ist«, sage ich

»Jesus, die arme Sau«, sagt sie.

»In God we trust, steht sogar auf den Dollars«, sage ich.

Sie sagt, »Gott unterliegt der Inflation. Ich vertraue nicht Gott, sondern den Menschen. Ich glaube an die Energie. Durch kosmische Energie steigern wir unser Bewusstsein und unsere persönliche Kreativität«.

»Du meinst, wenn du im Leben nur saure Zitronen abbekommen hast, dann mach doch Limonade draus?«, sage ich.

»Wir haben die Wahl, verstehst du?«

»Das klingt so verflucht amerikanisch«, sage ich.

»Don't judge«, sagt sie. Das hat sie immer gesagt. »Ich habe Drogen genommen und getanzt bis zum Umfallen, habe mich versteckt hinter meiner Starre. Ich habe zu lange meine Zeit vergeudet.«

»Auf welchem Trip bist du jetzt?«, sage ich.

»Ich will den Sinn des Lebens verstehen.«

»Der Sinn des Lebens ist leben«, sage ich.

»Wir werden sehen«, sagt sie und lacht. Glockenhell.

Der Spuk ist vorüber. Ich sitze allein. Auf dem Teller vor mir Krümel. Die Tasse leer.

Ich werde jetzt losfahren. Zu ihr.

Ich nehme den Weg über Fairfax Avenue.

Der Bekannte, der gesagt hatte, »Ihr werdet euch lieben«, hatte gesagt, »Eine Fahrt durch Los Angeles kann eine Reise bedeuten, wie von einem Land in ein anderes«.

In Los Angeles gibt es viele Länder, jedes hat seinen eigenen Bezirk. East L.A. ist Mexiko, Mid Wilshire ist Korea, in Downtown ist China, in Hollywood Thailand. Und es gibt Kosher Canyon. Dorthin fahre ich. Das liegt auf dem Weg.

In diese Gegend hat es mich immer gezogen, nachdem ich sie entdeckt hatte. Es war Liebe auf den ersten Blick. Mich tröstete das Beieinander aus früher und jetzt, die Gerüche, die Farben. Obgleich es anders war, war es vertraut. Ist es heute noch. Die Musik, die Sprache. Es war tröstend irgendwie und stützend. Es weckte Erinnerungen an Ängste und Hoffnungen, enttäuschte Hoffnungen und Widerstand. Verweigerung und das Wissen, was das bedeuten konnte.

Vorsicht! Alles ist anders, in keinem Fall vergleichbar, dennoch ähnlich. Was denn: das doppelte Wissen, Sehnsucht, Sprachlosigkeit und Schweigen.

Exil.

Damals rang ich mit dem Gefühl.

Heute ringe ich mit dem Wort. Ich habe nachgeschlagen im lateinischen Wörterbuch. Es steht im Bücherregal seit meiner Schulzeit. Latein war mein Lieblingsfach in Berlin West. Latein war für mich das, was für andere die Mathematik ist, eindeutig.

Ex(s)ilium: Die Fremde. Ausland. Verbannungsort.

Ich suche weiter.

Exsul: In der Fremde lebend, verbannt.

Erklärung im Lexikon: *Bezeichnung für den meist aus politischen Gründen bedingten Aufenthalt im Ausland nach Verfolgung, Verbannung, Ausbürgerung, Flucht.*

Es fehlen Wörter: Ungewissheit, Angst, Verzweiflung, Hilflosigkeit, Isolation. Mut.

Wie oft hat sich das schon wiederholt? Anders wohl. Immer ähnlich. Es ist das Oberste zuunterst gekehrt. Es ist unheimlich und faszinierend. Es ist: irgendwo aus irgendeinem Fenster blicken, aus dem Fenster, an das es dich verschlagen hat, den Wind in den Blättern des Baumes sehen, der ein anderer ist, von dem du nicht einmal den Namen kennst und du dir sagen musst, auch hier geht der Wind durch die Blätter.

Nicht die Palmen, die hebräischen Aufschriften an Schaufenstern zogen mich an, das Jiddisch in den Läden und Restaurants, das Englisch mit dem unverkennbaren Akzent. Manchmal hörte ich auch Deutsch. Ich war da, ohne mich zu erkennen zu geben.

Es war vormittags. Nicht viele Menschen unterwegs. Ich schlenderte die Straße entlang, am Canter's vorbei, einem der ältesten jüdischen Restaurants in Los Angeles, einem, in das wir später oft gingen, wenn das Gummiband zurückschnippte und wir uns Reubens's Sandwich bestellten, Roastbeef mit Sauerkraut zwischen triefenden Toastscheiben, dazu Potato Chips und Iced Tea, den dicken Kellnerinnen hinterherblickten und den älteren Damen und Herren lauschten, die polnisches oder russisches oder deutsches Englisch sprachen.

Vor mir auf der Straße lief eine alte Dame. Es herrschte kaum Verkehr, so dass ein Auto auffiel, das vorbeifuhr. Ein Auto fuhr vorbei, nicht schnell, eher gemächlich. Eine Hand streckte sich aus dem Beifahrerfenster. Hitler-Gruß. Eine männliche Stimme schrie, mehrmals, was eine männliche Stimme, wenn sie mit einer zum Hitlergruß erhobenen Hand durch ein jüdisches Viertel fährt, mehrmals schreit.

Die Frau vor mir zog den Kopf zwischen die Schultern. Keiner der Passanten blickte auf.

Die Gespräche verstummten.

Es herrschte *eine* Stille.

In den ersten Monaten war ich mit dem Bus gefahren. Ich spüre noch das ewige Warten. Ewig die Fahrten. Ich erfuhr die Stadt. Auch abends.

Einmal waren mit mir im Bus ein paar Mexikanerinnen, ein Schwarzer, Immigranten, Illegale und Verirrte. Und der Busfahrer im Big Blue. So sagte man.

Big Blue fing klein an. Ein paar Arbeitslose versuchten neunzehnhundertvierzehn mit ihren Privatwagen ihr Glück. American spirit. Kassierten pro Person fünf Cents, »a nickel«. Für die Fahrt im jitney. Ein paar Jahre später wurden die jitneys in die Bay Cities Transit Company eingegliedert, und bald fuhren Busse in der ganzen Stadt.

Sieben Jahre später waren die Busse blau.

Ich war die einzige Weiße. Der Bus hielt. Es stieg einer ein. Ich saß ganz hinten. Der stieg also ein. In der linken Hand schwenkte er ein Buch. »You are all sinners. You are all going to hell.«

Er ging auf mich zu. Ich muss noch weißer geworden sein. Die rechte Hand hatte er in die Jacke geschoben, da, wo die Innentasche ist, da, wo das Herz ist. So, als ziehe er gleich eine Waffe.

Er ging auf mich zu. »This ist the Good Book and you are all going to hell, I say.«

That's it, dachte ich. Der letzte Gedanke auf Englisch. Ein Witz. Und: Das ist so was von billig. In einem Bus in Los Angeles.

Er sagte, »And this is the bus to hell«.

In dem Moment hielt der Bus. Die hinteren Türen öffneten sich. PFFFFF. Der Mann stand neben der Tür, blickte hin, als sei es ein Zeichen. Dann sprang er hinaus in die Dunkelheit. Die Türen schlossen sich. PFFFFF.

Bis zu dem Tag hatte ich in Los Angeles keinen schöneren Ton gehört.

Nach diesem Abend musste ein Auto sein, nicht nur damit ich mich amerikanisch fühlte.

Als ich ein Auto hatte, bin ich nur noch gefahren, sogar die kürzesten Strecken. Bis vor eine Tür. Valet parking. Ein Diener steht da, öffnet den Wagenschlag. Aussteigen, Schlüssel hingeben, Zettel mit einer Nummer entgegennehmen, der Wagen wird weggefahren. Bis später. Den Zettel hingeben, der Wagen wird vorgefahren, der Wagenschlag bleibt offen, einen Dollar Trinkgeld geben. Einsteigen. Der Wagenschlag schließt sich.

Ich habe das Auto abgeschlossen und schlendere Fairfax entlang am Canter's vorbei.

Mein Handy klingelt. Es ist Sean. Wir haben uns Jahre nicht mehr gesehen. Einmal hat er mich in Deutschland besucht. Er kam gerade aus dem Iran zurück. Er war das erste Mal wieder dort gewesen, seit er hierhergekommen war.

»Wo bist du?«, fragt er. Das ist immer die Frage, wenn einer einen auf dem Mobiltelefon erreicht. In den Antworten variieren nur die Orte.

»Ich schlendere gerade auf Fairfax entlang. Auf dem Weg zu ihr hat es mich hergezogen.«

Es herrscht kaum Verkehr. Vor mir läuft eine ältere Dame. Hier nach zehn Jahren ist auch hier wie vor zehn Jahren, denke ich.

»Und?«, fragt Sean.

»Eigentlich hat sich die Stadt nicht so verändert, wie ich es erwartet habe. Das habe ich schon jetzt gesehen.«

»Arme, Reiche, Erste und Dritte Welt, Schwarze, Weiße, Koreaner, Mexikaner, Perser, was weiß ich, gestern und heute und morgen, alles nebeneinander. L.A. wächst ins Unermessliche, man übersieht vieles, sieht darüber hinweg. Los Angeles ist ein Spinnennetz, aus dem man sich herauswinden muss, wenn man die Kraft dazu hat.«

»Und wenn nicht?«

»Gibt es mehrere Möglichkeiten. Wie immer. Die, die hier leben, kommen in der Wirklichkeit nicht an, weil sie etwas suchen, von dem sie glauben, dass sie es nur hier finden können. Das Wort ›es‹ muss man ersetzen durch das Wort ›sie‹. Sie glauben, dass sie sich entgegenkommen werden, eines Tages, irgendwann, einfach so, als gemachte Schauspieler oder gemachte Musiker oder gemachte Autoren. Als Gemachte. Schauspieler, Musiker und Autoren sind hier fast alle sowieso.«

»Wenn jemand einen Traum hat, soll er sich aus dem Traum zurückholen und die mickrige Wohnung sehen, in der er schon seit Jahren lebt, und den mies bezahlten Job, den er schon seit Jahren hat, manchmal auch zwei oder drei, um für das Notwendigste aufzukommen«, sage ich.

»Die Wärme ist schuld an den Träumen. Los Angeles ist nur was für die, die kommen, ohne Traum, sich für sich holen, was sie brauchen, und wieder gehen. So, wie du es gemacht hast. Für die, die in der Gegenwart bleiben, und nicht für die, die sich in eine Zukunft sehnen oder, wenn die unerreichbar bleibt, in die Vergangenheit. Ich bin in der Gegenwart geblieben.«

»Bleiben ohne Traum, wenn man schon bleiben muss, ist auch nicht möglich«, sage ich.

»Darum bin ich noch hier. Wenn ich ehrlich bin, komme ich auch aus dem Grund immer wieder zurück.

Weißt du noch, der Mann vom Seismologischen Institut?«, fragt Sean.

»Wir fragten ihn, ob das große Beben kommen werde.«

»Er erklärte uns die Platten und Verschiebungen, er rechnete die Wahrscheinlichkeit vor.«

»Er sagte, es werde sicher kommen«, sage ich.

»Und du fragtest, warum er dann noch bliebe«, sagt Sean.

»Und er sagte, weil ich nicht daran glaube.«

Sean fragt, »Sehen wir uns heute? Ich würde mich freuen. Ich bin den ganzen Tag am Strand. Mich kannst du nicht verfehlen.«

»Ich weiß es nicht.«

»Rufst du mich an?«, fragt Sean.

»Ich rufe dich an«, sage ich.

Ich habe die Straßenseite gewechselt.

Vorne, am Beverly Boulevard, an der Ecke, in einer kleinen Bäckerei, neben einer Wäscherei und einem Liquor Store, haben wir backfrische Bagles gekauft, es gab sie rund um die Uhr, in allen Variationen, süß oder salzig, dazu ein Schälchen Creamcheese mit Schnittlauch oder ohne. Shalom.

An der Ecke gegenüber, neben einem Schlüsseldienst, Keys Locksmith, daneben ein Schnäppchenladen, Bargain Fair, geöffnet seven days a week, sogar im Jüdischen Viertel, steht das alternde Regency Theatre, ein Kino, gegründet neunzehnhundertdreißig. Es trotzt dem einundzwanzigsten Jahrhundert mit seiner hellen Art-déco-Fassade und der Lobby, die schöner nicht sein kann, in der wir uns zusammen mit den Immigranten wähnten, die Ablenkung suchten vom Leben, wie wir.

Ich gehe zurück zum Auto. Ginge ich nicht zum Auto, sondern weiter in Richtung Dritte Straße, käme ich zum Farmers Market. Auch das so ein Ort.

Während der Großen Depression kamen Farmer an diese Ecke, Fairfax und Third Street, wollten ihr Gemüse verkaufen, direkt vom Lastwagen. Aus Lastwagen wurden Verkaufsstände, aus Verkaufsständen wurden kleine Hütten. Fleischer, Bäcker. Gemüse, Obst, Fisch. Blumen, Süßigkeiten, Icecream. Cafés und Restaurants. Französisch, mexikanisch, chinesisch, jüdisch. Cajon Gumbo oder Sushi, Belgische Waffeln oder Pasta. Dazwischen immer und überall Tische und Stühle. Man sitzt und sieht Leute. Farmers Market ist ein verwunschener Ort.

Gerne ginge ich jetzt dorthin. Mittagessen mit den Immigranten. Ja, das ist wirklich so.

Wenn man im Farmers Market zu Mittag isst, nein, noch einmal, wenn ich im Farmers Market jetzt zu Mittag essen wollte, müsste ich sagen: »Meet me at 3rd and Fairfax«, so wie es schon seit jeher gesagt wird, zu irgendeinem Freund oder einer Freundin.

Das habe ich oft gesagt, auch zu ihr, und wir sind über den Markt geschlendert, haben eingekauft und schließlich an irgendeinem Tisch gesessen.

Am Nebentisch saß, in meiner Vorstellung, Heinrich Mann. Der, der gelesen wird, nachdem der Bruder gelesen wurde, der, der an zweiter Stelle steht und auch an die erste gehört, einer der sympathischsten unter den deutschen Schriftstellern, jedenfalls für mich. Kam neunzehnhundertvierzig in Amerika an. Mit ihm Nelly, seine Frau, und Golo, sein Neffe, und Kollegen. Franz Werfel, Alfred Polgar, Lion Feuchtwanger. Zu Fuß von Perpignan zum spanisch-französischen Grenzort Cerbère, auf steilem Fußpfad über die

Pyrenäen nach Spanien. Über Madrid nach Lissabon. Von dort mit einer der letzten verfügbaren Schiffspassagen nach New York City. Seine Habe, seine Manuskripte, musste er in Nizza zurücklassen. Heinrich Mann war schon neunundsechzig Jahre alt.

Hollywood. Ein Jahr saß er, und nicht nur er, unter der Woche im Studio von Warner Brothers, Drehbucharbeiten. Der Bruder hatte ihm die Stelle vermittelt.

Im Büro gegenüber Leonhard Frank.

Ich habe gelesen, dass Frank kurz nach seiner Ankunft in Los Angeles täglich zur Ocean Avenue in Santa Monica gegangen ist. Er setzte sich immer auf dieselbe Bank. Saß und blickte aufs Meer.

Einmal fragte jemand, was er dort sehe.

Leonhard Frank sagte, »Europa«.

Der andere: Europa? Asien liege da.

Frank stand auf und ging. Wortlos. Kam erst viele Tage später wieder.

Irgendwann zog er von Los Angeles nach New York, Europa war von dort dreitausend Meilen näher.

Alfred Polgar arbeitete bei Metro Goldwyn Meyer. Kennt ihn noch wer, den Österreicher, der sich Archibald Douglas nannte? War ebenso wenig geeignet für Hollywood. Diente nicht seinem Zweck. War gefangen in der Muttersprache im fremdsprachigen Land, wie die anderen.

Zu tun hatten sie alle nichts. Sie konnten schreiben, was sie wollten. Aber niemand wollte ihre Arbeit haben. Es waren Alibijobs, Wohltätigkeitsgesten für die Ankömmlinge aus Deutschland. Nach einem Jahr wurden die Verträge nicht verlängert. Und danach?

Heinrich Manns Frau Nelly arbeitete als Uniformschneiderin, als Krankenschwester. Sie bekamen Geld vom Bruder und Schwager und vom European Film Fund. Leid und Verlegenheit. Mittellos, buchstäblich. All diese Leute.

Auch Alfred Döblin. Ach. Die Namen. Noch einer. Helene Weigel. Diese Große. Kam mit Brecht und Tochter. Spielte ein einziges Mal in all den Jahren in Los Angeles. Eine stumme Rolle in *Das siebte Kreuz.*

Nun also: Alfred Döblin und Heinrich Mann, die beiden Feinen, Leisen, nippen an ihren Kaffees. Oder sie unterhalten sich, während sie zwischendurch an ihren Kaffees nippen.

Etwa so?

Döblin: *Jetzt bin ich, zusammen mit Polgar, in ein ›office‹ gesetzt, das heißt, jeder hat sein ›office‹, und wir müssen täglich ab 10 Uhr Dienst tun.*

Mann: Wie Leonhard Frank und ich.

Döblin: *Büroschluss ist offiziell um 5 Uhr. Ich gehe aber schon um 4. Tun tut man nichts.*

Mann: Absolut nichts.

Döblin: *Angeblich sollen wir an etwas mitarbeiten, aber bisher ist das nur ein Gerücht.*

Mann: Wir erledigen unsere Korrespondenz …

Döblin: … *telefonieren, lesen Zeitung, schreiben unsere eigenen Sachen – was man so in Sitzhaft tun kann.*

Mann: In Amerika wird es anders getan.

Sie sprechen weiter. Über das, was sie sagen wollen und dass es in Amerika anders gesagt wird, über das, worüber sie schreiben und dass in Amerika anders darüber geschrieben wird, über das Leben und dass in Amerika anders gelebt wird. Dass ihnen Amerika fremd bleibt und Europa immer fremder wird.

An einem anderen Tisch der deutsche Schauspieler und Regisseur Willhelm Dieterle, der bekannte und einflussreiche, der schon seit neunzehnhundertneunundzwanzig in Hollywood arbeitet und lebt und sich auskennt und Beziehungen hat und ein Herz und eine unermüdliche Frau, Charlotte, die mit gedämpfter Stimme aufgeregt fragt, wie man all denen, die kamen, die gekommen, angekommen sind, also jenen, die entkommen sind, helfen könne.

Vicky Baum, deren Bücher verbrannt wurden, die schon die amerikanische Staatsangehörigkeit hat und jetzt in englischer Sprache schreibt, setzt sich dazu und sagt, besser untergebracht müssten sie sein, die Autoren, nicht in Holzbaracken, schäbig und klein, in denen man im Winter friere und im Sommer verschmore.

Ich sehe Alfred Döblin, der jetzt allein sitzt. Versunken. Berlin, Alexanderplatz, ist so weit weg wie der Mond.

Er schreibt:

Man ist eingesperrt, nicht in einem Hotelzimmer, sondern in einer Bretterbude, die sich hier bungalow oder flat nennt; und in der Tat, man ist viel und ausgedehnt im Grünen – bin ich aber eine Kuh? Und wie soll man irgendwo hinkommen? (Wenn man kein Auto haben kann.) Außerdem, wo soll man hin? Exil, lieber Leidensgefährte, Exil zehnmal präciser als in Paris, waschechtes Exil. Der Emigrierte hat wirklich nur zu wählen zwischen der sichtbaren Zelle, die ihm sein Heimatland reserviert, und der unsichtbaren, mit der das Asylland aufwartet.

Es ist besser, in Amerika als Unbekannter anzukommen.

Die Gleichgültigkeit ist leichter zu ertragen.

Es ist fast ein Uhr mittags. Am blauen Himmel hängen weiße Wölkchen. Ich muss weiter.

Auf der zweiten Stufe der Treppe sitzt eine Frau. Die Frau,

ich schätze sie älter als mich, hat kurzgeschnittenes blondes Haar, eine Jeans an, einen Pullover, Turnschuhe, stützt den rechten Arm auf den rechten Oberschenkel, in die rechte Hand das Kinn, in der linken Hand hält die Frau eine Zigarette, die sie zum Mund führt, nachdenklich. Es ist genauso still wie gestern.

Es ist genauso wie damals.

Ich ging auf dem Weg in Richtung Eingangstür. Sie wohnte mit irgendeiner zusammen, einer Deutschen, Freundin nannte sie sie nicht, sondern Mitbewohnerin, nein, sie sagte »roommate«, und ich kam vorbei.

Ein Mann saß auf der zweiten Stufe, den rechten Arm auf den rechten Oberschenkel gestützt, in der rechten Hand das Kinn, in der linken Hand eine Zigarette, die er zum Mund führte, nachdenklich. Das braune Haar fiel ihm ins Gesicht. Sah zu, wie ich auf die Treppe zulief, rührte sich nicht, sondern rauchte weiter und lächelte.

»Hi.«

»Hi.«

»Ich bin ein Freund von Sylvia. Willst du zu Sylvia oder zu ihr?«

Der war kein Amerikaner. Der war Europäer.

»Zu ihr.«

»Weißt du, ich musste da mal raus, ich musste einfach mal raus da und eine Zigarette rauchen. Da drinnen ist dicke Luft. Sylvia und sie keifen sich an, und sie nimmt kein Blatt vor den Mund, kann ich sagen. ›Mach das Fenster auf. Stinkt ja widerlich.‹ Oder so. Und ›bitch‹ und ›fuck you‹ sind noch harmlos. Amüsant. Sylvia. Zerrt an mir und lässt mich keine Minute aus den Augen.«

»Darri, kommst du?«

»Klingt, als riefe dich deine Frau«, sagte ich.

»Ich sag's dir, könnte nicht schlimmer sein. Sylvia hat gekocht, extra für mich, und jetzt soll ich raufkommen und essen. Lieber sitz ich hier draußen und rauche, als da oben zu essen. Bleibt einem sowieso der Bissen im Hals stecken. Dazwischen immer noch ihr Hund. In Los Angeles muss jeder einen Hund haben oder eine Katze. Statt Kind oder Mann. Außerdem, soll ich dir was verraten, Sylvia kann nicht kochen. Hier willste auch 'ne Zigarette? Ich rauche Marlboro light.«

Er gab mir eine Zigarette, Feuer, jetzt rauchten wir beide.

»Darri, das Essen wird kalt.«

»Kannst du kochen? Ich esse gerne. Am liebsten mediterrane Küche, die ist gesund, gut fürs Herz. Nicht wie der amerikanische Fraß. Aber am schlimmsten ist der amerikanische Kaffee. Sylvia hat gekocht, extra für mich. Fisch. Will mich beeindrucken, oder fangen. Der Fisch auf dem Teller als Köder für den Fisch aus Spanien.«

»Darri, mit wem redest du?«

»Ich bin aus Spanien, musst du wissen. Oder besser gesagt, aus Melilla. Weißt du, wo Melilla ist? Ist eine spanische Enklave im Norden von Marokko, paar Seemeilen von Malaga entfernt. Geografisch gesehen bin ich also Marokkaner, oder, wenn du so willst, Nordafrikaner. Bleibe vielleicht eine Woche in Los Angeles. Filmgeschäft. Sylvia kenne ich von früher. Ich habe mal sechs Jahre in Los Angeles gewohnt und einen Film gedreht. Darum bin ich jetzt wieder hier. American filmmarket. Aber das ist eine andere Geschichte. Ich habe Sylvia gefragt, ob ich ein paar Tage hier pennen kann. Sylvia ist auch nicht mehr die, die sie mal war. Hätte sie mir gesagt, dass die Luft so dick ist wie die Smogdecke über Downtown, hätte ich mir was anderes gesucht. Jetzt häng ich am Haken.«

»Darri. Kommst du jetzt?«

»Mami zieht die Angel ein.«

»Wie heißt du eigentlich? Ich heiße Darri. Das haste ja jetzt schon viermal gehört. Vielleicht sollte ich wirklich lieber raufgehen. Wenn der Fisch kalt ist, na ja. Ich bekomm sonst Ärger von Mami und Frau.«

Der Mann zwinkerte mir zu, drückte die Zigarette aus, ging die Treppe hinauf.

Ich rauchte die Zigarette zu Ende, bevor ich auch ging, zu ihr, und fragte mich, was das für einer sei, der ohne Komma nur von sich erzählte.

Gefallen hat er mir trotzdem.

Ich stehe fast vor der Frau, die auf der zweiten Stufe sitzt, ihre Zigarette jetzt in einem Blumentopf ausdrückt, aufsteht, lächelt und sagt, »Hi. You must be –«

»Gestern angekommen.«

»Das ist so great, man. Dass du hier bist. Sie hat auf dich gewartet, weiß du.« Sie umarmt mich. »Welcome to Los Angeles. Sie hat mir viel von dir erzählt. Ich bin Phillys. It's great, man. Jetzt waren alle da, die sie sehen wollte. Mark, Jim, du. Great. Aber ich, mir geht's nicht gut. You know. My cat just died.«

»I'm sorry«, sage ich.

Was ich denke, sage ich nicht.

Phillys nimmt sich eine Zigarette aus der Schachtel. Das Feuerzeug steckt in einer Plastikhülle, die an ihrem Gürtel befestigt ist. Als sie mit ausholender Geste die Zigarette anzündet, sehe ich ein Gummiband, das länger wird und dann wieder zurückschnellt.

»So kannstes nie verlieren.« Phillys hält mir die geöffnete Schachtel hin, Marlboro light.

Ich schüttele den Kopf.

»Klar, ich Idiot.« Phyllis schlägt sich mit der flachen Hand an die Stirn. »Willst raufgehen. Sorry. Ich hab nicht nachgedacht. Aber, my cat just died.«

»I'm really sorry«, sage ich.

Phillys tritt zur Seite.

Ich glaube, sie schwankt ein wenig.

»See you later«, sagt Phyllis.

Ich drehe mich auf halber Treppe um, nicke und hebe die Hand leicht wie zur Bestätigung oder wie zu einem schwachen Winken.

Ich klopfe. Die Tür wird geöffnet, nicht von Winsom, sondern von einer anderen Pflegerin. Die flüstert mir ihren Namen zu, Liz. Ich sage meinen leise.

»You can go in.«

Ich ziehe die Schuhe aus, gehe über den Teppich ins Schlafzimmer.

Heute ist alles anders als gestern. Heute fängt sie nicht gleich an zu reden, als ich sage, dass ich da bin.

Nach einer Weile, ich sitze nur still neben ihr, halte ihre Hand, dass sie weiß, ich bin da, sagt sie, »I want to go«.

Ich sage, »Ich weiß. Es ist okay«.

Nichts ist okay. Der Vorhang am Fenster bewegt sich. Heute ist es etwas kühler.

Gut, dass sie hier liegt. Bei sich zu Hause, nicht im Krankenhaus. Dass sie überhaupt hier liegt, verdammte Scheiße.

Mein Kopf ist leer und zugleich voller Gedanken. Magic. Als sie nach Los Angeles kam, war sie ein paar Jahre älter, als ich war, als ich Los Angeles wieder verließ. Das will etwas heißen. Als ich Los Angeles verließ, war sie ein wenig älter, als ich jetzt bin.

Was kann ich erzählen?

Ihre ganze Geschichte kenne ich nicht. Wir haben nicht gefragt. Absichtlich nicht. Wir wussten, wenn wir erzählen wollten, erzählten wir.

Ihr Vater im Krieg. Gefangenschaft, späte Heimkehr. Heirat und Kind gezeugt.

»Er konnte nicht reden«, hat sie gesagt.

Der Vater ging weg. Sie blieb bei der Mutter.

»Vor allem mochte ich keine Erbsen«, hat sie gesagt.

Sie war Einzelkind in Köln.

»Nachkriegsdeutschland. In der Schule. Zu Hause. Überall«, hat sie gesagt.

Neunzehnhundertachtundsechzig war sie siebzehn. Ein schönes Ding. Drogen. Partys. Drogen.

»Leben oder sterben«, hat sie gesagt.

Leben. In Deutschland nicht.

»In Westberlin schon eher«, hat sie gesagt.

Sie arbeitete beim Film. Produktionsassistentin. Bernd Eichinger, Atze Brauner. Glockenhelles Lachen. Sie fuhr nach Marokko. Durchs ganze Land. Allein mit einer Freundin.

»Marokko. Mein Traumland. Da möchte ich alt werden«, hat sie gesagt.

Wilde Zeiten auf Ibiza. Modeln. Große Liebe. Schwangerschaft, aber kein Kind. Und immer wieder, bis sie ging, Westberlin. *Spliff.*

»Ein Lied wurde über mich geschrieben. Oder für mich. Vielleicht beides«, hat sie gesagt. *Küss mich noch mal, bevor du gehst.*

Mit der Melodie im Kopf stehe ich auf. Sie schläft. Ich lasse sie. Ich muss einkaufen für Königsberger Klopse.

So absurd das ist, es hilft.

Es ist ein Aufbäumen gegen die Hilflosigkeit, gegen das Gefühl der Untätigkeit, die Ohnmacht. Ich würde alles kochen und kaufen, von einem Ende der Stadt zum anderen fahren. Es ist das Einzige, was ich tun kann, auch wenn es sinnlos erscheint.

Ist es aber nicht, weil ich es für sie tue. Weil sie es wünscht.

Ich werde zu Fuß gehen, an dem Haus vorbei, in dem ich zuletzt mit Darri und unserem ersten Sohn wohnte. Weiter durch Seitenstraßen bis zur Hyperion Avenue. Hölderlin, Bellarmin, Titanen.

Los Angeles ist das Griechenland der Vakui in Hülle und Fülle.

An der Ecke, a historical site, steht jetzt ein Supermarkt: Gelson's Markets, früher hieß er Mayfair. Die Disney Brüder sollen hier einst vierhundert Dollar für das Grundstück bezahlt, ein einstöckiges Gebäude errichten lassen und danach nicht nur *Ferdinand der Stier* gezeichnet haben.

Ich überquere Hyperion. In Amerika reicht es, wenn man den Namen einer Straße sagt und nicht auch die Bezeichnung erwähnt wie Boulevard, Avenue, Street, Courtyard, Drive.

Gegenüber noch ein Supermarkt, noch eine Videothek, noch ein dies und noch ein das. Eigentlich ist alles Vervielfältigung hier.

Ich betrete den Supermarkt. Es ist unser Supermarkt. Trader Joe's, in dem wir nach Jahren Käse fanden, der nach unserem Geschmack war, Brot, frisch gepresste Säfte und vor allem Joghurt. Trader Joe's, der amerikanische Aldi, nur dass es ein Natural Food Store ist, mit europäischen Produkten. Es war wie eine Offenbarung, damals, als die Gesundheit erst anfing, eine Religion zu werden.

Ich schreite die Reihen ab. Ich finde alles, als wäre ich nie weg gewesen, auch den Wein, den wir gekauft haben. Cabernet Sauvignon.

Der Geruch ist da, die Geräusche sind da. Die leise Musik, die von der Decke rieselt. Irreführung. Verschmelzung von Ort und Zeit. Schon wieder.

Nach dem Einkaufen habe ich Hunger. An der Ecke vom Parkplatz gibt es noch immer das Café Say Cheese. Vor dem Café stehen die Stühle, die Tische. Wie oft habe ich hier gesessen? Ein Milchkaffee, ein Sandwich. Ein Buch gelesen.

Es reicht. Ich habe genug von den Plätzen, die mit mir zu tun haben, mit dem, was war. Ich sehne mich nach erinnerungsfreiem Raum. Den gibt es nicht. Auch nicht in Los Angeles. Schon gar nicht auf dieser Reise. Es gibt kein Entkommen. Also. Einlassen. Reinlassen.

Ich öffne die Tür. Bitte recht freundlich. Say Cheese. Ich lese die Speisekarte durch. Bestelle ein, was sonst, Cheese Sandwich, warm, mit Salat. Zwölf Dollar. Damals war es billiger. Aber nicht anders.

Es klopft an der Tür. Ich stehe in der Küche und koche. Königsberger Klopse. Uff eenmal klopts. So etwas Blödes. Die Gedanken drehen durch. Alles spielt verrückt. Phillys. Sie will mit mir eine Zigarette rauchen, im Patio.

Wir setzen uns unter die kalifornische Eiche an einen gusseisernen Tisch mit Glasplatte, auf gusseiserne Stühle. Das Gusseisen ist so grün wie das Haus in Venice.

Ich sage, »Der Tisch und die Stühle haben die Farbe vom Haus in Venice«.

»In dem du mit ihr gewohnt hast?«

»Nein, dort noch nicht. Ich wohnte zuerst in einem Motel und danach bei einem Bekannten. Dort blieb ich nicht lange. Es lohnt trotzdem, davon zu erzählen, vom grünen Haus mit Vorgarten und überdachtem Vorbau. Ich sehe mich in einem Schaukelstuhl sitzen in der Santa Clara Avenue. Der Name so vielversprechend wie der Hochnebel am Morgen. Grau in Grau Himmel und Meer. Später am Tag blauer Himmel und blau das Meer.

Jetzt haben die Straßen Risse. Das Haus steht da wie damals. Grün. Weißer Vorbau. Kein Schaukelstuhl. Auch die Zeit ist ein Zauberer hier. Die Leute bemerken sie nicht. Sie geht an ihnen vorbei und lässt sie stehen.«

Phillys sagt nichts. Sie raucht einfach ihre Zigarette. Als sie sie fertig geraucht hat, steckt sie sich eine neue an.

Die Ruhe ist beruhigend.

Ich denke an Venice.

Venice war, als ich ankam, noch Beat und schon Skateboard Generation, Venice war Marihuana, Hippies, Bodybuilding und Wahrsager, Straßenhändler und Künstler, auch namhafte.

Ich sage, »Dennis Hopper, der easy rider, wohnte nur ein paar Häuserecken von uns entfernt. Gesehen habe ich ihn nie, aber ich bin oft an seinen Häusern vorbeigelaufen, von denen ein Architekt, der neben uns wohnte, behauptete, er habe sie entworfen. Viel später habe ich erfahren, dass der Architekt gelogen hat«.

Phyllis nickt, zieht die Mundwinkel nach unten und die Brauen hoch.

Ich denke, Venice war, als ich ankam, noch das, was es schon früher gewesen war: Billige Mieten für marode Bungalows und eingewanderte Europäer. Venice war der schönste Slum am Meer. Venice war auch ein Viertel der

Schwarzen. Ein wenig abseits, ein wenig weniger schön, no go area. Es gab diese Grenze. Ich sah verwunderte Blicke, wenn ich durch ihre Straßen lief, verunsicherte Blicke, als wüssten sie nicht, wie das deuten. Dabei hätte es nichts bedeuten sollen. Dabei hat es alles bedeutet.

Ich sage, »Eingebrochen wurde im grünen Haus mehr als einmal. Einmal morgens um acht. Ich kam ins Wohnzimmer, ein Mann ging zur Tür hinaus. Die Stereoanlage unterm Arm und noch etwas.

›Hey, was machen Sie da.‹

Er fing an zu laufen. Die Stufen hinunter in den Vorgarten und durch das Gartentor auf die Straße. Ich fing an zu laufen. Santa Clara Avenue in Richtung Electric Avenue. Klingt wie aus einem Song. Er war schnell. Aber ich war auch nicht langsam.

›Hey, Sie.‹

Er ließ die Stereoanlage fallen.

›Hey, was machen Sie da.‹ Ich rannte an der Stereoanlage vorbei. Ich sah schwarzweißes Papier auf die Straße schweben. Ich hob es auf, eins nach dem anderen. Es waren Fotos aus meinem Portemonnaie. So hat er mich abgehängt.«

Phyllis sagt, »Her cat died too. Sie gab ihm keine Medizin. Sie war bei ihm bis zum Schluss«.

»Ich weiß. Ihr Kater war der Sohn meiner Katze.«

Phyllis sagt, »Sie macht es mit sich wie mit ihrem Kater«.

Sie nimmt eine Zigarette aus der Schachtel und sagt, »Ich gehe jetzt nur noch rauf für die groben Arbeiten. Trage den Müll raus. Wasche Wäsche. Mach ein bisschen Klarschiff. Mehr geht nicht mehr. Wir haben sie ins Krankenhaus gefahren. Wir haben gesagt, so geht das nicht weiter. I am a nurse, you know.«

Phillys steckt sich die Zigarette mit dem Feuerzeug an der Gummischnur an.

»Im Krankenhaus haben sie sie nicht behalten. Nach ein paar Tagen haben sie gesagt, nichts zu machen, sie muss gehen. Free to go. That's America for you. Aber das wird sich ändern, und nicht nur das, wenn es auch noch nicht danach aussieht, nach all den letzten beschissenen Jahren. Amerika ist ein großes Land. Es gibt niemanden, der es voll und ganz versteht. Amerika ist ein schnelles Land, vielleicht das schnellste. Es ändert sich immerfort. For good and for worse. Jetzt wird es hoffentlich bald wieder besser werden. Es gibt gute Amerikaner.«

»Das brauchst du mir nicht zu sagen«, sage ich.

»Als sie wieder hier war, haben wir ihre Tür offen stehen gelassen. Wenn sie etwas wollte, brauchte sie nur zu rufen. I am sorry. She is your friend. I am so sorry.«

Sie steht auf. Ich habe das Gefühl, sie schwankt.

Phillys: »Ich schenke dir was.«

Sie knipst die Gummischnur mit dem Halter vom Hosenbund.

»So geht das Feuerzeug nie mehr verloren. I love you. And this is a present from me for you. Ein Feuerzeug. Swish. You see? I'll show you. Siehst du?«

Phyllis knipst die Gummischnur mit dem Halter an meine Hose und steckt das Feuerzeug in die Hülle und zieht.

»You see? You have a cigarette for me?«

Ich gebe ihr eine. Wir umarmen uns.

Ich gehe.

Ich stehe in der Tür zu ihrem Zimmer.

Sie sagt, »Jetzt kann ich sie riechen, die Klopse«.

Vier

Ich sitze auf dem Rasen vor dem Variety Building, Wilshire Boulevard Hausnummer 5900. Der Tag bei ihr war anstrengend, drückend. Ich möchte mich sammeln. Auf dem Rasen vor dem hohen Haus an der Miracle Mile. Alles ist ruhig. Keine Menschenseele. Nur Autos im Endlosstrom.

In ein paar Tagen werden hier Teile der Berliner Mauer aufgestellt, acht Stück oder zehn.

Ich weiß noch, was war, als sie fiel. Es war ein sonniger Tag. Es war warm. Ich stand in Seans Café hinter dem Tresen. Es war zwei Uhr nachmittags. Donnerstag. Donnerstage waren die ruhigen Tage. Das Telefon klingelte. Ich nahm den Hörer ab. Es war eine Freundin, die mich anrief.

Sie wollte mir sagen, es sei etwas Unglaubliches im Gange. In Deutschland. Sie könne es selber kaum glauben. Aber sagen wolle sie es mir: »Die Mauer fällt.«

»Verarschen kann ich mich selber«, sagte ich und knallte den Hörer auf.

Unvermittelt habe ich die Worte von Sylvia im Ohr. Unvermittelt bin ich im Jahr neunzehnhundertsiebenundneunzig.

Das Telefon klingelte. Darri. »Ich möchte dich sehen.«

»Woher hast du meine Telefonnummer?«, fragte ich.

»Von Sylvia nicht. Die wollte sie mir nicht geben. Weißt du, was sie gesagt hat?«

»Was?«

»Was willst'n von der? Die ist aus dem Osten.«

Mir blieb die Luft weg.

Ich sagte, »Ich muss auflegen«.

Ein Faustschlag.

Die Zeit holte mich ein.

Ich wurde von der Zeit eingeholt.

Lähmung, Starrsein vor Schreck.

Es war wieder da, da war es wieder, dieses mangelnde Selbstvertrauen, das Gefühl der Minderwertigkeit oder immer »der blöde Ossi« zu bleiben, der vermeintliche Makel, East Germany. Die DDR, the armpit of the world, das Graue hinter der Wand, wenn es überhaupt existierte, das Eigentümliche, das Sonderbare, voller Obskuritäten, wohin niemand wollte. Von dort hatte ich nicht sein wollen.

War schon in der DDR manchmal so gewesen. Wenn die Tante aus dem Westen kam, grauhaarig mit Dutt, und sich in die Mitte des Wohnzimmers stellte. Sie breitete die Arme aus.

Sie sagte, »Und?«

Und ich wartete.

Sie ließ mich warten.

Sie genoss es.

Ich nicht.

Aus ihren Händen quollen Kaugummis, Fix und Foxi. Der Regen hörte nicht auf.

Ich bückte mich und sammelte sie auf.

Sie setzte sich an den Esstisch und sah zu.

Mit Fix und Foxi in den Hosentaschen war das Leben ein anderes. Es schmeckte. Es roch. So musste es da riechen, wo die Tante herkam. Sie roch nach 4711.

Warum erzähle ich das? Vielleicht weil Oktober ist. Vielleicht, weil Oktober *hier* ist. Vielleicht, weil ich *hier* bin im Oktober zweitausendneun.

Weil ich es ihr nicht erzählt habe. Wie auch. Wo denn. Am Strand vielleicht, als wir verschwiegen aufs Meer blickten, bis ich gesagt hätte, »Die Welt ist klein, wenn man aufs Meer blickt«.

Quatsch. Ich hätte sagen sollen, wie klein die Welt vorher gewesen war. Ost, West, mehr hatte es für mich nicht gegeben. Weder im Osten noch im Westen.

Darum Amerika. Es war eine Landsuche. Punkt.

Amerika war meine Ratlosigkeit darüber, wie diese zwei Leben zusammenwachsen sollten. Nicht nur, weil ich gegen die Mauer stieß. Ich stieß gegen Wände. Urlaub war die Abwechslung vom Seelenfluch. Zurück in Westberlin, war ich wieder mittendrin und gleichzeitig draußen. Hier und dort. Abscheu und Sehnsucht, daheim und trotzdem nicht zu Hause.

Diffuses Lebenslicht. Kein Selbstverständnis, das man aus gewohnter Umgebung zog. Keine Gewissheit, weil ich mir meiner nicht gewiss war. Alles war durch zwei teilbar und trotzdem ungerade.

Amerika war eine Orientierung. Eine Neuorientierung, eine erneute Desorientierung. Die Kompassnadel musste sich korrigieren, wie bei einem Flugzeug. Das Flugzeug war ich. So: Flöge ich auf Nordkurs und machte eine Kurve nach Ost, schlüge der Magnetkurs um bis zu dreißig Grad nach Westen aus. Erst nach einem Drittel der Kursänderung schwänge die Anzeige wieder zurück auf Nord. Die Magnetanzeige eilte dem wahren Flugzeugkurs hinterher. Noch war ich die Magnetanzeige. Ich würde die Kurve schon kriegen.

Am Anfang ging ich spazieren. Am Strand und an der Promenade. Die Künstler sehen und solche, die sich für welche hielten, die fliegenden Händler.

»Du bist also aus Deutschland?«, fragte einer.

»Ja, aus Berlin. Westberlin.«

»Westberlin?«

»Die Stadt mit der Mauer.«

»In Westberlin steht eine Mauer?«

»Deutschland ist geteilt. Westdeutschland, Ostdeutschland, German Democratic Republic und Federal Republic of Germany.«

»Mauer? Ich dachte, die steht in China.«

War ich schockiert? Ja. War ich sprachlos? Ja. Empfand ich es als befreiend? Ja. Ich dachte, hier bist du richtig. Hier ist es einfach, Ostdeutsche und Westdeutsche zu sein.

Hier ist es einfach, keines von beidem zu sein.

Hier kann ich einfach sein.

Nachdenken. Als ich neunzehnhundertsiebenundachtzig wegging aus dem zerrissenen Land, war Amerika »Ami go home« in Deutschland. Pershings, Cruise missiles. Sechsundneunzig waren in Germany stationiert. Ich wollte trotzdem nach Amerika. Ein Freund sagte, »Wenn du nach Amerika gehst, rede ich nie mehr mit dir«.

Zwei Besuche. Sie waren das Abbild der Zeit. Reagan im Juni auf einem Holzgerüst am Brandenburger Tor in Westberlin.

»Mr. Gorbachev, tear down this wall!«

Im September Honecker in Bonn, mit allen Ehren. Zwei Fahnen, zwei Staatssymbole, zwei Hymnen.

Vor der Mauer, hinter der Mauer. Auf der Lauer. Ich hatte genug von dem Gefühlsspagat. Auf Befindlichkeiten wollte ich keine Rücksicht mehr nehmen, auch wenn ich sie gerne genommen hätte, vor allem auf die meiner Schwester.

Aber es ging nicht, wollte ich mit heiler Haut davon kommen.

Als das Flugzeug in Los Angeles landete, dachte ich an den Bekannten, der mich abholen würde. An Reagan dachte ich nicht.

Ich wollte frei sein. Wollte alles los sein. Diesen Teufelskreis.

Im *L.A. Weekly*, der Wochenzeitung, die es umsonst an jeder Straßenecke gab, las ich später:

»Wir befinden uns in einem vicious cycle.«

»Was meinst du damit.«

»Ich meine, eine Situation, in der der Versuch, ein Problem zu lösen, das Problem nur vergrößert oder ein neues noch schlimmeres Problem hervorruft.«

»Du meinst, je mehr wir versuchen, etwas besser zu machen, desto schlechter fühlen wir uns?«

»Genauso ist es, obwohl wir beide nur geliebt werden wollen.«

»Es ist wunderbar, wenn man offen sprechen kann. Ich ... Ich liebe dich.«

»Und ich ... ich liebe dich.«

»Wow.«

»Von wegen endloser cycle voller Ressentiments.«

»Ach, nur so nebenbei, das heißt ›vicious circle‹, nicht ›vicious cycle‹, du Vollidiot.«

Als Darri am Telefon sagte, »Weißt du, was sie gesagt hat? Was willst'n von der? Die ist aus dem Osten«, hatte ich gedacht, Eins zu null für Sylvia.

Obwohl ich amerikanisch aß, amerikanisch fuhr, amerikanisch sprach, bildete ich mir wenigstens ein. Ich hatte Amerikanerin sein wollen. Wie alle in Los Angeles. Kalifornier oder Texaner, Perser oder Franzosen, russische Juden oder Libanesen, Schwule aus Oklahoma oder Lesben aus Kansas, Österreicher oder Kanadier oder Polen. Sie waren

Amerikaner, weil sie sich so fühlten. Weil keiner das Gefühl hatte, niemandem das Gefühl gegeben wurde, fremd zu sein. Jeder war fremd – selbst Amerikaner.

Es war erlösend gewesen, aber es hatte nicht funktioniert. Ich hatte mich hinter mir selber verborgen. Es war ein Spiel. Peek a buh. Hide and seek. Hatte gewollt, dass diese verfluchte andere Hälfte verschwand.

Sylvia hatte sie aufgedeckt. Verdammt.

Spiel verloren.

Nein. Das ist unpräzise. Spiel vorbei.

Ich konnte mich vielleicht verschweigen, aber nicht vor mir selber.

Die Katze war aus dem Sack.

Neue Runde. Nicht verschwinden. Nicht Makel, sondern Pfund. Musste mich nur annehmen. Beide Himmelsrichtungen.

Null zu eins für mich! Endlich, nach zehn Jahren. Von wegen, nichts zu machen.

Ich rief Darri an. »Ich möchte dich sehen.«

Fünf

Von Venice war ich zuerst zu ihr gezogen. Weg von dem Bekannten. Weg aus dem kleinen grünen Haus. Das war am Anfang dieser rocky road. Sicher war eigentlich nur, dass ich bleiben wollte. Das war immer noch mehr, als ich hätte von Deutschland sagen können.

Ich rief sie an.

Ich sagte, »Ich kann da nicht bleiben«.

»Gut«, sagte sie.

»Du erinnerst dich an den ollen Fritz?«, sagte ich.

Sie sagte, »Er war schwarz und weiß und setzte sich einfach vor die Tür«.

»Er ist gekommen und nicht von der Veranda gewichen. Setzte sich einfach vor die Tür. Bis wir ihm doch eine Büchse hinstellten«, sagte ich.

»Danach ging er auf Trebe«, sagte sie.

Ich sagte, »Manchmal tagelang, kam aber immer wieder zurück. Eines Tages nicht mehr. Wir suchten überall. Fanden ihn unter der Veranda des Nachbarhauses. Bein gebrochen.«

»Hast dreihundert Dollar bezahlt, damit er humpeln konnte.«

Ich sagte, »Irgendwann humpelte er weg«.

Sie sagte, »Der olle Fritz«.

»Die anderen Katzen sind geblieben. Ließen sich auch nicht von der wilden Katze vertreiben. Der olle Fritz, als er noch nicht humpelte, legte sich mit ihr an. Hat sich die

Wunden geleckt und ist unters Haus gekrochen. Die anderen Katzen legten sich zu ihm.

Er, der mir den Ring gegeben hat, tanzen gehen wir schon lange nicht mehr, hat eine Falle gebaut. Ist zu Luckys gegangen und kam mit einem leeren Einkaufswagen angeschoben. Er hat die Räder abgesägt und den Wagen als Käfig in den Garten gestellt. Durch das klappbare Gitter sollte die wilde Katze rein, aber nicht wieder raus.

Heute lag an der Wand hinterm Haus ein blauer Sack. Ich rührte ihn nicht an. Er hat gesagt, er habe es sich anders überlegt. Er ist nicht in die Berge gefahren. Er sagte, er hasse Berge«, sagte ich.

»Als Österreicher«, sagte sie.

»Er sagte, er habe ein Stück leicht biegbaren Draht genommen, eine Schlinge gebaut, sie durch das Gitter gezogen, über den Kopf, um ihren Hals und zugezogen. Jetzt ist die Katze im Sack«, sagte ich.

Sie sagte, »Gib den Ring zurück«.

Ich sagte, »Ich komme zu dir«.

Sie wohnte in Santa Monica. Es war keine große Wohnung, one bedroom, das bedeutet in Amerika ein Schlafzimmer, ein Wohnzimmer, eine Küche und ein Bad. Ich schlief im Wohnzimmer.

Ich habe die Wohnung dunkel in Erinnerung. Das widerspricht Santa Monica. Licht hätte in die Fenster fallen müssen. Vielleicht sehe ich kein Licht, weil ich, als ich bei ihr einzog, ein Koffer, eine Reisetasche, dachte: Was jetzt. Gehen oder bleiben.

Jedenfalls ging ich von ihr aus an den Strand zu Bockwurst und Bier und Deutschen und Österreichern.

An einem heißen Tag wollte ich in diesen beiden Ländern am Strand nicht mehr sein.

Mit einem Teller Wurst in der einen Hand und einer Maß Bier in der anderen stellte ich mich vor den Besitzer der Bude: »Ich kündige.«

Ich drückte dem Besitzer das Bier in die Hand.

Der Besitzer sagte, »Und die Wurst?«.

Ich stellte den Teller vor einen Gast und rannte los, am Wasser entlang nach Santa Monica, wie um mein Leben, von dem ich in jenem Moment nicht wusste, wie es weitergehen sollte. Eins nur wusste ich: So nicht.

Es wäre der Zeitpunkt gewesen, aufzugeben. Mein Visum war abgelaufen. Ich hatte keine Arbeit. Ich hatte keine Krankenversicherung. Es wäre der Zeitpunkt gewesen, nach Deutschland zurückzugehen. Das tat ich nicht. Nicht um alles in der Welt, auch wenn die Eltern riefen.

Mein Geld reichte bis zu dem Tag, an dem ich das kleine Café betrat, weil ich mir einen Kaffee bestellen wollte, to go. Als ich bezahlte, fragte ich einfach, was konnte schon passieren, »Do you have a position available?«.

In diesem kleinen Café, es wollte italienisch sein, an der Ecke Brooklyn Avenue, an der Grenze zum Viertel der Schwarzen, der no go area, sagte der Besitzer, »Vier Dollar die Stunde plus Trinkgeld«.

Ich sagte, »Okay. Wann?«.

»Wenn du willst, morgen. Zwei Tage einarbeiten. Dafür darfst du Essen mitnehmen. Ab dem dritten Tag wirst du bezahlt.«

Ich stand hinter dem Tresen, auch am dritten Tag noch. Ich wurde bezahlt. Vier Dollar die Stunde. Kaum Trinkgeld.

Der Besitzer des Cafés war manchmal viel unterwegs. »Ich bin Schauspieler, ich habe auditions. Das Café mache ich nebenbei.«

Der Besitzer des Cafés war manchmal jeden Tag da.

An einem Tag sagte er, »Ich bin gestern auf einer Party gewesen. Jemand hat mich nach meinem Beruf gefragt. Ich habe gesagt: Ich bin Schauspieler. Und er hat mich gefragt: In welchem Restaurant? Danach habe ich gedacht, ich konzentriere mich doch lieber wieder darauf, Sänger zu werden.«

Manchmal träumte der Besitzer des Cafés von Gondeln und Gondolieri. Kunden kamen nur selten. Einmal noch ging David Byrne an der Fensterfront und der Glastür vorbei.

Kurz darauf zog ich nach West Hollywood, in den West Knoll Drive. Ihre Wohnung war zu klein für zwei.

Kurz darauf arbeitete ich für Sean.

Auch Sean hatte ein Café.

Das Café war in West Hollywood. Ich fing, ja wann eigentlich, ich muss überlegen, ich fing neunzehnhundertachtundachtzig bei ihm an zu arbeiten. Ich war wieder einmal joblos, wieder einmal geldlos, aussichtslos, und eine, die ich kannte, die bei Sean arbeitete, sagte, sie wolle dort nicht mehr arbeiten, dieses Servieren und Kaffeezubereiten und Stehen und Freundlichsein zu Leuten, die ihr egal seien, und dieses frühe Aufstehen, sie habe keine Lust mehr. Wenn ich Lust hätte, sage sie ihm Bescheid.

Ich sagte, »Sag ihm Bescheid«.

Sean gab mir den Job. Einmal war es nicht so, wie es vorher gewesen war: Pounding the pavement. Auf Arbeitssuche gehen. Mit Big Blue. Ewig das Warten an der Haltestelle. Ewig das Reinfahren. Irgendwo aussteigen. Dem Auge vertrauen und dem Gespür. Suche nach Restaurants.

Das war schwer, sich zu trauen zu fragen. Mit dem Akzent und der gefälschten Greencard. Was, wenn es aufflog. Hin und her laufen vor einer Tür. Mut einatmen.

»Kann ich Ihnen helfen?« Meistens klang die Frage so, als ob man mir ansah, was ich wollte.

»Do you have a position available?«

»Der Manager ist gerade nicht da.«

Das war die Standardlüge.

»Aber ich kann Ihnen ein Stellenformular geben. Füllen Sie es einfach aus.«

»Okay.«

Der Zettel. Ich setzte mich an einen Tisch und schrieb in die dafür vorgesehenen Felder. Name, Adresse, Telefonnummer. Zügig.

Social Security Nummer und Greencard. Ausgestellt wann? Lügen verlangsamt die Schrift.

Restaurants, in denen ich schon gearbeitet hatte? Ich schrieb zwei Adressen auf, dachte mir Telefonnummern aus und wie lange ich dort gearbeitet hatte.

Ich gab den Zettel zurück.

»Der Manager meldet sich, wenn er Interesse hat.«

Immer die gleiche Antwort.

Wie viele Bewerbungen in Los Angeles von mir herumlagen? Jedenfalls wurde nie eine Stelle frei. Die Traumfabrik fabrizierte Alpträume.

Sean fragte nie jemanden nach einer Greencard. Nicht, weil er nicht interessiert war, sondern weil er wusste, weil er es selber durchgemacht hatte oder noch durchmachte, wie es ist, illegal im Land zu sein, joblos, wieder einmal geldlos, aussichtslos.

Seans Café war wie die Spiegelung der Stadt, in der jeder jemanden kennt oder finden kann, der aus dem eigenen Land, der eigenen Stadt kam. Und: Egal, wie sympathisch oder unsympathisch, der Fremde in der Fremde hilft dem Fremden.

In Sean's Café also vierzig Stunden die Woche, 4,75 Dollar die Stunde, jahrelang. Auch noch in Silverlake.

Genauer betrachtet, setzt sich mein drittes Leben, Amerika, aus vielen kleineren Leben zusammen. Ein jedes mit einem Anfang und einem Ende, manche lose, die sich später verknüpften. Aber wer weiß das schon am Anfang. Übergänge trotzdem.

Oder Übertritte, auf eine neue Stufe.

Immer waren es Entscheidungen, die keine anderen zuließen. Oft stand etwas auf dem Spiel.

Der Anfang von Los Angeles ist mir so wichtig, weil er lang war, weil er Jahre gedauert hat, weil er immer auch Wechsel von Orten war, wie im Fluge, von einem zum nächsten, weil wir, sie und ich, kompromisslos das Ziel verfolgten, da zu bleiben. No matter what. Dickköpfig bis zum Gehtnichtmehr. Dabei immer die Hoffnung, dass die Mühen nicht zu groß würden, *trouble please be kind.*

Wir waren für jeden Scheiß zu haben. Fast jeden.

MAGIC BROOM. Es war ihre Firma. Eine Putzfirma. Als ihr eine Mitarbeiterin abgesprungen war, fragte sie mich.

»I need your help«, hatte sie gesagt.

Der Anfang war schon drei Jahre alt. Ich wohnte im Rodney Drive in Hollywood. Blaues Haus. Weiße Tür. Halbrundes Wohnzimmerfenster. Keine zehn Meter vom Hollywood Boulevard entfernt. Nicht der mit den Leuchtreklamen und Kinos und Sternen und Souvenirläden, am Anfang die vier Grazien in Silber, sondern der andere, der vom Glanz wegführt gen Osten, wo die Sonne aufgeht und der Hollywood Boulevard nicht mehr Hollywood heißt, sondern Sunset, Sonnenuntergang. Am Ende ist Downtown.

In Downtown ist Skid Row, fast zehntausend Frauen und

Männer und Kinder in Behausungen aus Kartons oder unter Planen oder ganz ohne etwas über dem Kopf.

Früher habe ich sie überall in der Stadt gesehen, die Obdachlosen, jetzt schieben sie nirgends mehr einen Einkaufswagen mit ihrem Hab und Gut vor sich her, schlafen nicht an irgendeiner Ecke in einem zur Schlafstatt gefalteten Pappkarton. Jetzt leben, essen, gebären, sterben sie außer Sichtweite auf Skid Row. Acht Meilen weiter, im Umkreis, leben rund zweihundertvierzigtausend Millionäre.

Ich wohnte zwischen Aufgang und Untergang.

Zwei Querstraßen weiter hatte Walt Disney sein erstes Studio gemietet. Zehn Dollar im Monat. Kingswell. Klingt auch schön.

Ich sagte, »Ja«.

Sie sagte, »Besorg dir Handschuhe, vor allem Handschuhe, Bodenreiniger, Glasreiniger, Toilettenreiniger, Lappen, Staubtücher. Staubsauger sind dort. Ach ja, Wechselgeld für die Waschmaschinen«.

»Mach ich.«

»Morgen kannst du schon mitkommen«, sagte sie.

»Mach ich.«

»Ich zeig dir alles«, sagte sie.

»Mach das. Wo?«

»San Fernando Valley.«

Wir fuhren im Konvoi, sie vor, über Laurel Canyon, Ventura Boulevard, nach Studio City. Auf die andere Seite der Hügel. Dort ist es heißer, stickiger, am meisten aber hässlicher. Die Fahrt ist unerträglich. Wir in unseren Klapperkisten und schon verschwitzt beim Ankommen. Schrubbten die Apartments von Studiomitarbeitern. Leicht verdientes Geld, als ich den Dreh raushatte.

Handtücher einsammeln, Betten abziehen, in den Keller

oder die Garage gehen, Waschmaschine mit Handtüchern und Bettwäsche füllen, vier Quarter pro Maschine, in der Zwischenzeit aufräumen, saugen, Staub wischen, in den Keller oder die Garage gehen, Wäsche in den Trockner, Bad putzen, Küche, Müll wegbringen, Wäsche aus dem Trockner holen, Handtücher falten, hinlegen, Bett beziehen, fertig. Meistens in einer Stunde, maximal eineinhalb. Fünfundzwanzig Dollar.

Wenn es länger dauerte, verfluchten wir die Arbeit. Am schlimmsten waren die Toiletten. Egal, wie sauber sie waren. Am schlimmsten waren die Haare in den Badewannen oder Waschbecken. Egal, wie sauber sie waren. Manche Badewannen hatten einen schwarzen Rand, egal wie sauber sie waren.

»Manche Badewannen haben einen schwarzen Rand, egal wie sauber sie sind«, sagte ich.

»Dann wohnt dort ein Schwarzer. Das sind Pigmente der Haut, die beim Duschen abgehen. Die von Weißen sieht man nicht, egal, wie viel Dreck die machen«, sagte sie.

Wir putzten am Tag, zwei- oder dreimal die Woche, zwei oder drei Apartments. Je nach Auftragslage.

FILM. Sie sagte, »Ich kenne jemanden, der arbeitet beim Film. Der hat angerufen und gesagt, wenn ihr Geld braucht, die brauchen noch Statisten«.

Ich sagte, »Gut«.

Ich ging zum Film. Welche Assoziationen löse ich mit diesem Satz aus?

Schauspielernamen schießen durch den Kopf, roter Teppich, Glitzer und Glamour, Geld und Geld. Fame and Fortune. Partys und Limousinen.

Los Angeles, diese Oase der Illusionen und Eitelkeiten, ist eine kluge Närrin. Sie verspricht jedem, was jedem nützt.

Wie der Film ein Versprechen ist, wie mein Satz, Ich ging zum Film. Verheißung und Verweigerung zugleich.

Um neunzehn Uhr war ich da. Eine Straße war abgesperrt.

»Du gehst dahin. Du dorthin. Ihr werdet schon merken, wenn ihr dran seid. Ansonsten Ruhe, sonst seid ihr weg.«

Die das gesagt hatte, hatte lange Hosen an, einen Pulli, eine gefütterte Weste über dem Pulli, eine Mütze. Die das gesagt hatte, hatte Autorität, das sah ich an dem Kopfhörer am Ohr und dem Mikro vor dem Mund. Die das gesagt hatte, hob die Hand, wie um mir zu sagen, jetzt nicht, drehte sich um und gab der Stimme im Ohr eine Antwort.

Ich stand an einem Ende der Straße hinter der Absperrung. Ich stand und wartete. Ich sah zu. Ich sah Kameras und Mikrophone. Ich sah den Regisseur und Assistenten.

Der Regisseur saß.

Ich hörte Befehle und ich sah, wie sie befolgt wurden.

Ich hörte »Action« und dann sah ich Action.

Ich fror. Ich hatte einen Minirock an und ein T-Shirt und eine Lederjacke.

Am Nachmittag war ich in ein Büro gegangen. »Entschuldigen Sie, Sie brauchen noch Statisten.«

»Sieben Uhr, Minirock, T-Shirt, Lederjacke. Ausfüllen.« Papier und Stift auf einem Klemmbrett. Name, Adresse, Sozialversicherungsnummer, ich schrieb irgendeine, Rechte abtreten, unterschreiben.

Ich stand hinter der Absperrung seit neunzehn Uhr. Ich stand nicht allein. Neben mir stand auch einer. Und neben dem und hinter uns und vor uns.

Ich hatte Hunger. »Hast du 'ne Zigarette?«, fragte ich den neben mir.

Er hielt mir eine Schachtel hin. Camel. Er gab mir Feuer. Er nahm sich eine. Er gab sich Feuer. Wir rauchten.

»Wo bist du her?«

»Germany.«

»Oh.«

»Und du?«

»Salt Lake City.«

Das hatte noch nie jemand zu mir gesagt.

»Warst du schon mal da?«, fragte er.

»Nein. Aber ich stelle es mir schön vor.«

»Mormonen haben die Stadt gegründet. Als sie mit ihrem Kirchenvater ins Tal kamen, soll er gesagt haben, hier ist der richtige Ort. Ich war immer vom Gegenteil überzeugt. Darum bin ich hierhergekommen. Hier ist der richtige Ort.«

Ich sagte, »Wenn man eine Orange ist«.

»Ich glaube, das hat Chandler gesagt«, sagte er.

Wir rauchten. Ich glaube, während wir rauchten, träumte er von Partys und Limousinen, rotem Teppich und Glitzer und Glamour, von Geld und Geld und Fame and Fortune.

Für mich wäre es schon ein Glück gewesen, in einem dieser Wohnwagen zu sein, die ein wenig abseits standen. Groß wie Zugwaggons und warm. Die Kälte vom Meer kroch in mich hinein, und der Wind wehte sie nicht fort. Seit Stunden.

Ich dachte an einen warmen Kaffee und ein Brötchen. Ich wollte gehen.

»Jetzt könnt ihr gehen. Holt euch danach das Geld ab.« Die das gesagt hatte, hatte lange Hosen an, einen Pulli, eine gefütterte Weste über dem Pulli, eine Mütze. Die das gesagt hatte, zog die Absperrung weg und sprach mit dem Mikro vor dem Mund, hörte auf die Antwort im Ohr und hob die Hand.

»Ruhe bitte.«

Die Stimme vom Stuhl rief: »Action.«

Ich wusste, was ich zu tun hatte. Mit denen, die mit mir hinter der Absperrung warteten, auf der Straße denen entgegenlaufen, die von der anderen Seite hinter der Absperrung uns entgegenkamen. Durch die Menge durch bis zur anderen Seite.

»Cut.«

Sechs

Liz ist aus Peru. Sie steht neben dem Tisch im Wohnzimmer, an dem Sandy sitzt, über Papiere gebeugt, und erklärt. Sandy ist Krankenschwester und der Boss.

Sandy und Liz flüstern. Morphium, keine Säfte, Wasser sind die Wörter, die ich verstehe.

Sandy sagt, »Nur einzeln ins Zimmer gehen. Nicht streicheln, die Nerven sind empfindlich. Berühren, ja. Hand auflegen. Nicht sprechen«.

Ich setze mich in den Korbstuhl neben dem Bett, vor dem Nachttisch, auf dem der Brief von Jim steht, den ich ihr gestern vorgelesen habe, auf dem Medikamente stehen, das Glas mit Wasser und dem roten Schwammlolli.

Gestern haben wir gesprochen.

Gestern sagte ich, »Wieso ist in dem Glas nur Wasser. Champagner sollte drin sein«.

Sie sagte, »Wenn ich merke, dass es zu Ende geht, dann möchte ich ein Glas Champagner trinken.«

Sie machte eine Pause.

»Und eine Dampfnudel essen. Das wird mein Abendmahl.«

Wir haben gelacht. Laut.

Sie sagte, »Ich wusste gar nicht, dass Sterben so schwer ist«.

Ich lege meine Hand auf ihren Arm.

Ich sage, »Es ist heute kühler als gestern. Heute Morgen standen die Palmen im Nebel. Wusstest du, dass die ersten

Palmen von Missionaren hierhergebracht wurden? Siebzehnhundertneunundsechzig.«

Seit wann soll man nicht sprechen dürfen.

Liz tritt ins Zimmer.

Winkt mich mit dem Zeigefinger zu sich.

Ich gehe hin.

Sie flüstert. »Ich muss zur Bank gehen. Ich habe kein Geld dabei. Ich brauche Bargeld, verstehst du? Es ist nicht weit. Es dauert nicht lange, kannst du mit ihr allein sein?«

Das weiß ich nicht.

Weil ich es nicht weiß, geht Liz nicht zur Bank.

»Es geht auch ohne, wenn es sein muss«, sagt sie und geht wieder ins Wohnzimmer.

Ich sage, »Ein Jahrhundert lang standen sie nur an Swimmingpools von Superreichen. In den Zwanzigern wurden sie zu Tausenden gepflanzt, schon für die Olympischen Spiele neunzehnhundertzweiunddreißig, und säumen seither die Straßen. Aufrecht und schlank. Wie die meisten Menschen hier. In Wirklichkeit sind sie Unkraut«.

Liz tritt ins Zimmer.

Liz bekreuzigt sich.

Winkt mich mit dem Zeigefinger zu sich.

Ich gehe hin.

Liz geht ins Wohnzimmer. Mit dem Zeigefinger winkt sie mich nach. Liz setzt sich aufs Sofa, der Fernseher läuft.

»Sie hat keine Familie? Wo ist ihre Mutter?«, fragt Liz.

»Ihre Mutter ist tot.«

»Das ist nicht gut. Familie ist gut.«

Ich sage, »Ihre Freunde sind ihre Familie. Ich bin ihre Familie«.

»Du bist eine Freundin.«

»Ich bin eine Freundin und ihre Familie.«

»Ich halte das hier nicht aus«, sagt Liz. »Ich muss Wein trinken. Wein ist gut fürs Herz. Möchtest du Wein trinken?«

»Nein.«

»Mein Mann ist vor einem Jahr gestorben. Ich zeige dir Fotos. Das ist er. Ein gutaussehender Mann, mein zweiter Mann. Stark und gut. Und dann, bumm. Tot. Herzinfarkt. Zwei Kinder hab ich. Hier sind Bakterien.«

Liz geht zum Regal. Sie nimmt eine Flasche, die ich noch nicht gesehen habe, von einem Brett. Die Flasche ist blau. Liz sprüht. Das Zimmer füllt sich mit Eukalyptus.

Liz sagt: »Ich will mir hier nichts holen. Ich habe zwei Kinder.«

Ich gehe ins Zimmer zurück.

Sie bewegt sich unter der dünnen Decke. Die Beine sind angewinkelt.

Ich setze mich in den Korbstuhl und denke, Liz hat laut gesprochen.

Ich lege meine Hand auf ihre Hand.

»Thanks for coming«, sagt sie. »My God, I speak English all the time.«

Wieso sollte sie nicht sprechen dürfen.

»Don't worry«, sage ich. »Ich verstehe dich, egal, ob du Englisch sprichst oder Deutsch.«

Englisch haben wir sowieso fast immer gesprochen. Deutsch nur mit denen, die auch deutsch sprachen. Auch das nicht immer, dann nicht, wenn nur einer dabei war, der die Sprache nicht sprach.

Davon gibt es in Los Angeles jede Menge aus hundertvierzig Ländern; zweihundertvierundzwanzig verschiedene Sprachen.

Einmal hier, dachten wir, nichts ist wie in Deutschland. Nicht einmal die Stromleitungen. Überlandleitungen hier. Ein letztes Jahrhundert im zwanzigsten. Wildwest. We loved it. Und die Highways. Adopt one. Zwei Meilen gehören dir, und du sorgst für Sauberkeit. Dafür bekommt der Highway deinen Namen.

Wir vergaßen, dass wir deutsch waren, allein schon wegen dieser Gelassenheit. Laid back. Entspannt. Sogar die Hunde. Ich sehe noch den Bernhardiner, der auf einer Veranda eines Hauses auf einer Hollywoodschaukel aus Holz schlief, trotzdem pflichtbewusst ein Auge öffnete, als ich an einem Tag vorbeiging.

Die Freundlichkeit und Unbefangenheit im Supermarkt, wenn du die Reihen abschreitest, eine Frau auf dich zukommt: »Honey dear, where did you get your haircut.«

Auf der Straße, wenn du nur läufst, vielleicht nach Hause, dir jemand entgegenkommt: »I love your pants«, oder immer und überall »Hi«.

Das Selbstbewusstsein, mit dem Straßen Lebanon Road benannt werden.

Die Langsamkeit bei aller Raserei. *Bullit*. Die Polizeisirenen wie aus einem Film. Billboards, bigger than life. Think big. Ja. Genau. *Hey, what's your dream. This is Hollywood.*

Sie. Sie hatte Deutschland abgelegt. Wie schmutzige Wäsche. Oder eine Haut. Wollte nichts hören und wissen. Nichts von der Kühle der Zeit. Nichts vom Dazugehören. Sie gehörte zu nichts. Und zu niemandem. Sie war sie in einem schwarz-weißen Anzug. Pierrot.

Ulkige Träumerin, unschuldig Heimatlose.

Um aus Deutschland gehen zu können, brauchte sie einen Traum. Der Traum war Vorhaben und Begründung. Sie würde ein Drehbuch schreiben.

Sie wusste, für wen. Sie war sich sicher.

Sie packte eine Reisetasche. Für den Weg nahm sie Wasser mit und Muffins und Obst und flog in die Wasserstadt. Als sie in der Wasserstadt war, mietete sie ein Auto. Sie fuhr zu einem Haus und parkte. Einfach nur sehen. Nebenbei warten. Hat in einem Motel übernachtet.

Sie hatte gesagt, »Ich werde es ihm geben, und wenn ich ewig warten muss«. *Time. Hurry before it's too late.*

Ich weiß nicht mehr, wie lange sie weg war. Ich weiß noch, dass sie von West Hollywood aus abreiste. Von dort, wo sie zu uns gekommen war, ihre Matratze vor die Balkontür ins Wohnzimmer gelegt, einen Paravent davorgestellt – und ihr eigenes Zimmer gehabt hatte.

Ich weiß noch, dass ich sie vermisste. Ich weiß noch, dass ich dachte, Mut hat sie.

Eines Tages war sie wieder da. Das Drehbuch brachte sie wieder mit. Unglücklich war sie nicht.

Sie hat gesagt, *»Sign o' the times«*.

Ich brauchte keinen Traum, um wegzugehen aus Deutschland. Ich brauchte nur die Begründung. Ich dachte, eine Zeitlang anderswo sei genug.

Sie dachte nie in Zwischenräumen. Sie dachte, die Zeit ist unser Wesen. Sie lebte im Moment. Egal, wie der war, sie war guter Dinge.

»Kommst sonst auf Gedanken und nimmst das Leben zu schwer«, hat sie gesagt.

Ich hab das Leben schon immer etwas zu schwer genommen. Habe mir Gedanken gemacht und Sorgen. Sie hat gesagt, »Ein Mensch, der leidet, bevor es nötig ist, leidet mehr als nötig«.

Ich wollte nicht die Orange sein.

In Gedanken spreche ich mit ihr, wie wir nie gesprochen haben.

Ich: »Als meine Eltern mit meiner Schwester und mir in den Westen kamen, hatte ich gedacht, ihr wüsstet alles. Hatte gedacht, es interessierte euch. Hatte gedacht, ihr versteht, wenn ich sage ›ist ja urst‹ oder wenn ich vom ›Gruppenrat‹ erzählte.

Hab mir dann doch lieber zwei Vokabularien zugelegt, eins für hier und eins für dort.

Und auch dort und hier wurde austauschbar, hier konnte dort sein und dort hier. Je nachdem, wo ich gerade war und sprach oder wovon ich gerade erzählte.

Ich sagte Plastik oder Plaste, Brathähnchen oder Broiler, Alufolie oder Silberpapier, Ragout fin oder Würzfleisch, Viertel nach drei oder Viertel vier oder …«

Sie: »Mit der Identität ist es wie mit der Nationalität. Pierrot kennt keine Grenzen. Die Welt ist groß, auch wenn man nicht aufs Meer blickt. Wenn man nicht losgeht, wird man es nie erfahren.«

Ich: »Zwölf Jahre DDR bedeutete ein eigenes Lebensrepertoire. Bedeutete den Blick auf all das, was ihr hattet und wir nicht. Bedeutete, sich kundig machen und ein doppeltes Wissen haben.

Es bedeutete auch, dass ihr nicht musstet, was wir mussten, dass ihr durftet, was wir nicht durften, und die Sehnsucht danach, nicht zu müssen und zu dürfen.

Es bedeutete, gegen das zu sein, was man musste und durfte.

Darum mussten wir gehen. Mein Vater, meine Mutter, meine Schwester und ich. Rausgeworfen aus dem Leben in ein anderes.

Ein Glück im Nachhinein.

Wäre es anders gekommen, hätte es auch bedeuten können, nicht raus, sondern rein, ins Gefängnis, zehn Jahre, zumindest für den Vater.«

Sie: »Mein Vater kam aus dem Krieg von weiß Gott woher nach Köln. Wunden.

Hat geheiratet nach jahrelangem Fußmarsch. Ich frag mich, ob er den Hochzeitsmarsch gehört hat auf dem Weg.

Dann kam ich und dann.

Die haben nicht geredet. Die haben keine Worte gehabt für das. Und als ich gefragt habe, hatten die längst andere erfunden.

Muttersprache. Mutter hat eine andere Sprache gesprochen als ich. Ich habe sie nie verstanden.

Ich wollte was Leichtes, auch wenn das nicht leicht war. Ich habe meine Sprache gefunden. Love and Peace und I can get satisfaction.«

Ich: »Die neuen Wörter, ich könnte auch sagen, die anderen, wurden immer mehr ein Teil von mir. Die von früher sagte ich selten und die anderen immerzu.

Eines Tages sagte ich da, wo ich hätte Silberpapier sagen müssen, Alufolie. Ein Teil von mir waren auch andere Gerüche, Farben und Orte. Andere Musik und Bilder. Andere Geschmäcker. Konnte erzählen, aber nicht teilen. Keine Gemeinsamkeiten.

Plötzlich war ich die aus dem Westen, in Jeans, in denen ich auffiel auf der Straße und die sich Blicke einfing. Neidische, sehnsüchtige, feindselige auch. Nichts war beruhigend.«

Sie: »Alles verwirrend. Trümmerfrauen und Kriegsheimkehrer. Zerrissene Menschen. Schweigende Schuld.

Das wollte ich nicht. Das wollte keiner von uns. Wir wollten alles anders, besser machen, und jeder sagte jedem, was man, wie man es machen soll. Keiner sagte, was man auf keinen Fall machen sollte.

Das war Mutters Part. Die hat mich immer runtergemacht. Die hat immer gesagt, das schaffst du nicht. Bei der musste ich die Erbsen essen.«

Ich: »Nicht in Westberlin.«

Sie: »Das war die Experimentierbühne. Keine Väter. Kein Vaterland. Nur irre viel Clubs und Musik. Jeder war ein Star, jeder war ein Revolutionär, jeder war etwas Besonderes. Ich auch.

Das Gefühl von zusammen stellte sich trotzdem nicht ein. Jeder tanzte für sich. Ich und mein Ego.

Fluchtversuche nach anderswo. Manchmal monatelang. Philippinen und Marokko und Ibiza. Catwalk im Catsuit. Meiner war weiß. Ich suchte Wärme. Ich liebe die Sonne. Ungebunden war ich. Ich hatte einen Traum.«

Ich: »Du zogst am Tag Schlafanzüge an, das Schuhwerk Dr. Martens.«

Sie: »Ich wollte noch staunen. Nicht nur zum Erstaunen bringen.

Ich wollte lachen. Nicht nur zum Lachen bringen.

Ich wollte nachdenken. Über mich.

Ich wollte frei sein. Nach meinen eigenen Regeln leben, *my own rules, the ones that I choose.*

Darum nahm ich meinen Koffer mit nach L.A.«

Liz ist nicht mehr da.

Winsom kommt ins Zimmer. Immer wieder muss ich überlegen, wie sie heißt. Ich kann mir ihren Namen erst merken, als ich wisdom denke. Weisheit.

Ich solle ihr helfen, sagt Winsom. Von hinten links und rechts die Arme neben ihren Körper, wie Armstützen auf

Schulterhöhe, so nah, dass ich sie nicht berühre, so nah, dass sie nicht nach links oder rechts kippen kann.

Sie sagt, »Oh, God«.

Winsom hält ihr eine Flasche hin.

Sie nimmt die Flasche, trinkt und reicht Winsom die Flasche zurück.

»More?«, fragt Winsom.

Sie schüttelt den Kopf.

»As you wish. You wanna lie down again?«

Sie nickt.

Ich gehe raus. Ich kann das nicht sehen.

Ich setze mich aufs Sofa und starre in den Fernseher.

Ich bin verwirrt. Es ist anderes angeordnet.

Das Blatt, auf das die Anweisungen geschrieben sind, liegt auf dem Tisch.

Winsom kommt ins Wohnzimmer.

»Es ist etwas anderes angeordnet«, sage ich.

»I know.«

»Kein Wasser. Keine Säfte. Das hat die Hauptschwester gesagt.«

»I won't do that. Sie will Wasser? Sie kriegt Wasser. Sie will Saft? Sie kriegt Saft. Sie sagt, was sie will. Ich tue es.«

Ich sage nichts.

»You want her to die?«

»Nein!«

»No water, no juice. You want her to die.«

»Nein!«

»No water, no juice. Warum sollen wir das wollen.«

»Weil die Hauptschwester es will?«

»That's not God's will.«

Ich frage mich, ob ich Winsom fragen soll, wo die Lebenslüge anfängt.

Sieben

Kurz vor der Dämmerung beschließe ich, nach Silverlake zu fahren, zu dem Haus mit Terrasse und dem Blick über den Teppich aus Häusern und Palmen, ganz hinten das Meer.

Ich fahre hinauf auf den Hügel, wende das Auto und parke am Straßenrand, stelle den Motor ab und sehe, die Stadt ist unerschöpflich.

Silverlake. Auch so ein Name.

Den Lake gibt es wirklich, und wenn er nicht silbern ist, ist er golden in der Abendsonne und blassblau oder grau am Tage. Keine Augen von irgendjemandem, kein echter See, ein Reservoir, eingezäunt, kein Rankommen, kein Schatz, geschweige denn Indianer. Es sind zwei Becken. Sechshunderttausend Haushalte werden versorgt.

In Silverlake, kurz LGTB – Lesben, Gays, Transsexuelle und Bisexuelle, die Regenbogenmenschen – hatte ich, wenn ich genau sein will, und das will ich, doch einen Schatz geborgen. Ein Haus auf einem Hügel.

Ich war losgefahren von West Hollywood, wo ich mit Guy und den anderen wohnte, in die Richtung, die ich für richtig hielt, Ausschau halten nach Schildern an Fenstern von Häusern, die Leere versprachen. War schon ein wenig, nur ein wenig, nur so viel, wie ich glaubte, es stünde mir zu nach einer Weile als Zugereiste, wählerisch geworden. Bewegte mich nicht mehr so unsicher und zögerlich, wie Greenhorns es zu tun pflegen. Ich war kein Greenhorn mehr. Wusste wie, zumindest, was das Wohnungensuchen anging.

Also. Nach Schildern Ausschau halten. Telefonnummern abschreiben. Oder aussteigen aus dem Auto und gucken.

Genauso habe ich es bei dem Haus gemacht, als ich es sah. Bin ausgestiegen, zum Haus gelaufen, habe durch das Fenster links von der Eingangstür, rechts gab es auch ein Fenster, habe durch das linke Fenster geschmult, die Hände schützend gegen das Licht am Gesicht.

Das Wohnzimmer. Parkettfußboden und lichtdurchflutet.

Die Wächter neben dem Haus waren Kiefern.

»Hey, are you looking for something specific?«

Das war eine Frauenstimme.

»Ja, ein Haus.«

»Willst du es dir ansehen?«

»Geht das?«

»Sure, why not.«

Die Frau, langer roter Rock, flatterndes gelbes Hemd, lange Haare, selbstgedrehte Zigarette in der Hand, schloss die Tür auf. »Das ist das Wohnzimmer. Parkettfußboden und lichtdurchflutet.« Die Frau und ich gingen durch das Haus.

Zwei Schlafzimmer, eins für Guy und mich, dachte ich, und eins für die anderen.

Ein Wintergarten, ein Proberaum.

Es gab auch ein Bad und eine Küche. Die Küche war wunderbar.

Der Blick über den Garten über den Teppich aus Häusern und Palmen, ganz hinten das Meer an einem klaren Tag.

Eine Tür führte in den Garten.

Die Frau schloss auf.

Wir gingen einen Hügel hinab zu einer Holzterrasse so

groß wie drei Wohnzimmer, in die ein Swimmingpool eingelassen war.

»You like it?«

Like, welch ein Wort *dafür.*

»How much«, war meine Frage.

»Tausend im Monat.«

Die Regenbogenfrau hätte auch zehntausend sagen können. Hätte auch nicht mehr oder *nach* mehr geklungen. Ich habe trotzdem ja gesagt, gleich dort, gleich auf der Terrasse am Pool. Auf der Stelle.

In West Hollywood erzählte ich von dem Haus auf dem Hügel. Kein Sechzigerjahrekasten wie dieser, unter der Wohnung die Stellplätze für die Autos. Über den Stellplätzen für die Autos das Wohnzimmer, kleine Fenster zur Straße. Eigentlich fiel nur durch die Balkontür Licht. An der Vorderseite der Schriftzug: Continental.

»Wir wohnen im Continental«, hatte ich immer gesagt zu jedem, der fragte.

Vielleicht hätte ich das nicht sagen sollen.

Wir waren zu viert eingezogen, Guy, ich und die anderen. Guy und ich in ein Zimmer, die anderen in das andere. Guy, der Schlagzeuger, der schon einen Sohn hatte, der nach Los Angeles gekommen war, um es zu schaffen als Gemachter, arbeitete als Zimmermann.

Der andere mit der Gitarre, der nach Los Angeles gekommen war, um es zu schaffen als Gemachter, arbeitete in einer Grillhühnchenbude.

Die andere arbeitete als Kellnerin.

Ich arbeitete für Sean.

Guy kam nach Hause und war mit Farbe bekleckst und voller Holzstaub.

Der andere kam nach Hause und roch nach ranzigem Öl.

Die andere war schwarz und weiß angezogen, wenn sie ging und zurückkam.

Ich brauchte keine Uniform.

Weil wir im Continental wohnten, nahmen wir Freunde auf.

Zuerst sie.

Sie legte ihre Matratze vor die Balkontür ins Wohnzimmer, stellte ein Paravent davor und hatte ihr eigenes Zimmer.

Ich weiß nicht mehr, wie sie ihr Geld verdiente. Ich weiß, dass sie eine höllische Augenentzündung hatte. Trug ein grünes, ja, wirklich, es war grün, Dreieckstuch überm Gesicht. Piratin.

Ich weiß, dass sie genauso viel Angst und Ekel vor Kakerlaken hatte wie ich. Braune, vier Zentimeter große Kakerlaken, die in der Wohnung umherliefen, als wohnten sie dort und nicht wir. Kamen durch das Küchenfenster herein, und wir sprangen aufs Sofa und schrien, so laut es uns gefiel. Die andere schlug sie mit der Zeitung tot.

Nach ihr kam Kurt. Weiß nicht mehr, was er werden wollte, weil er alles war, Gitarrist, Schauspieler, Kameramann.

Danach kam Marie. Sie wollte Malerin sein, zog sich einen Bikini an und tanzte in einer Bar als Gogogirl.

Danach kamen Doris und Gregor. Sie kamen alle und gingen nicht. Sie suchten ihr Glück.

Einmal Kurt und ich unseres. Aus Spaß. Just for fun. Let's have a ball. Fuhren mit dem Wagen los an irgendeine Tankstelle, parkten.

Kurt ging zu den Zapfsäulen, haute die Leute an um Geld für eine Tankfüllung, »für mich und meine schwangere Frau«, und zeigte zum Wagen, in dem ich saß, bei offener Tür mit einem Kissen unterm T-Shirt.

In einer halben Stunde hatten wir zwanzig Dollar zusammen. Keine Ahnung, wofür wir sie ausgegeben haben.

Guy und ich und die anderen packten unsere Sachen. Wir verließen das Apartment in West Hollywood, wo wir die meiste Zeit zu acht waren statt zu viert.

Wir fuhren nach Silverlake. Unter der Kiefer parkten wir die Autos. Eine eigene Auffahrt. Nicht mehr auf der Straße parken.

Auf einen Hügel stiegen wir auf, Guy, ich und die anderen, halb über Los Angeles. Immerhin.

Als wir in das Haus in Silverlake zogen, war ich schon am College eingeschrieben. Von da an nur noch dreißig Stunden die Woche bei Sean im Café, sechzehn waren für das College verplant. Und für die Zeit am Schreibtisch im Hause.

Als wir in das Haus in Silverlake zogen, hatte ich Guy schon geheiratet. Guy, einen echten Amerikaner, einen, dessen Vorfahren aus Kalabrien stammten, den Italo-Amerikaner, der Musiker war mit Leib und Seele, der mit den wilden dunklen Locken und der hautengen Hose mit Zebramuster, dazu die Lederjacke und ein hautenges T-Shirt. Guy, a normal guy, ein Typ, a guy eben, der frei sein und Erfolg haben wollte, lebte, als sei er erst achtzehn. Dabei war er schon fünfunddreißig.

Geheiratet haben wir in Las Vegas. Fuhren in seinem weißen Alfa Romeo unterm Sternenhimmel durch die Wüste, nachdem er es gesagt hatte, einfach so, eines Abends, bevor wir nach Silverlake zogen. Das Continental war leer. Alle ausgeflogen. Looking for dreams. Guy und ich saßen am Tresen in der Küche, jeder auf einem Hocker, und er sagte: »To hell with it. Dann heirate ich dich. Damit du bleiben kannst.«

Auf halbem Wege stotterte der Motor. Im Morgengrauen suchten wir ein Motel am Stadtrand. Das Zimmer war aus rotem Samt. Am Kopfende des Bettes und an der Zimmerdecke je ein Spiegel. Wir legten uns hin und haben uns angestarrt.

Später sind wir in die Stadt gefahren. Wedding licence beantragen im Marriage Bureau. Schlange stehen. Papiere vorzeigen, Führerschein, ID oder Geburtsurkunde. Kein Bluttest. Sechzig Dollar in bar. Geld ist Zeit. Das Formular wird an Ort und Stelle ausgehändigt.

Heiraten in Las Vegas, nichts einfacher als das im Royal Chapel at the Candlelight oder im White Wedding Chapel oder im Special Memory Wedding Chapel.

A dream like wedding can be yours.

Wir entschieden uns für das Candlelight Royal Wedding Chapel. Vierundzwanzig Stunden täglich geöffnet, einfach reinschauen, einfach anmelden. Weißes Holzhaus, hellgraues Ziegeldach und Turm mit drei grauen Giebeln. Das Haus wollte eine Kirche sein mit Brunnen davor. Am weißen Fahnenmast wehte die amerikanische Flagge. Chapel-Gebühr bezahlen und für jedes Extra.

Für uns hieß das Hochzeit »à la carte«.

Drinnen lila Teppich. Lila Bänke. Vier oder fünf Reihen. An den Bänken rosa Blumengebinde. Vor der Kanzel ein Kerzenständer, ein Kreuz, grün umrankt und rosa beblümt. Links in der Ecke eine Orgel. Die Bänke blieben leer.

Der Pastor war eine Pastorin.

»Haben Sie Ringe?«

»No.«

»Wie heißen Sie?«

»Guy und Susanne.«

»Guy, nehmen Sie die rechte Hand von Susan.«

Guy wiederholte das Eheversprechen.
Wir sollten die Hände lösen.
»Susan, nehmen Sie die rechte Hand von Guy.
Ich sollte wiederholen.
»I, Susan, take you Guy, to be my wedded husband, to have and to hold, from this day forward, for better, for worse, for richer, for poorer, in sickness and in health …«
»What?«
Guy drückte meine Hand.
»For better, worse, richer, and in health I take you.«
Guy drückte meine Hand fester.
Die Stimme der Pastorin wurde laut.
»… to love and to cherish, till death do us part, or the Lord comes for His own, and hereto I pledge you my faithfulness.«
Guy drückte meine Hand noch fester. »Nun sag schon.«
»The Lord is coming …«, wiederholte ich.
»Amen«, sagte die Pastorin leise. Lauter dann, »Spenden Sie fünfzig Dollar. Schecks werden nicht akzeptiert. In der Lobby steht ein Bankautomat«, sagte die Pastorin.
Wir bezahlten und fuhren zurück nach Los Angeles als husband und wife.
Endlich, könnte ich sagen. Bald zwei Jahre nach meiner Ankunft.

Ein halbes Jahr nach der Hochzeit beantragte ich die Greencard.
Ich, eine Deutsche, die in Amerika bleiben wollte, die, damit sie in Amerika bleiben konnte, einen Amerikaner geheiratet hatte, einen, dessen Vorfahren aus Kalabrien stammten, einen Italo-Amerikaner, der Musiker war mit Leib und Seele, der mit den wilden dunklen Locken und

hautenger Hose mit Zebramuster, dazu die Lederjacke und ein hautenges T-Shirt, der lebte, als sei er achtzehn, dabei war er schon fünfunddreißig und hatte einen achtzehnjährigen Sohn. Ich heiratete ihn aus Liebe, das habe ich geglaubt mit fast dreiundzwanzig.

Ein halbes Jahr nach der Hochzeit mussten wir alles voneinander wissen. Auch die Farbe der Unterhosen oder den Namen der Zahnpasta. Wir waren ein bisschen eher dran als Georges Faure und Brontë Parrish.

INS. Immigration and Naturalization Services. Downtown. Furchteinflößendes Hochhaus. Interview. Ein Büro in einem der obersten Stockwerke.

Wir warteten in einem Wartebereich. Der Anwalt, Guy und ich.

»Denken Sie daran, was ich gesagt habe.«

Guy und ich nickten.

»Sagen Sie nichts, was Sie nicht sagen müssen.«

Guy und ich nickten.

»Ich bin da, sollte ich etwas sagen müssen, wenn Sie etwas nicht sagen sollen.«

Guy und ich nickten.

Aufruf. Ins Zimmer soundsoviel.

Setzen vor einen Tisch, vor dem zwei Stühle stehen. Der Anwalt setzte sich auf einen Stuhl bei der Tür. Hinter dem Tisch saß der Officer, eine Frau.

»Well, Sie haben also geheiratet.«

Guy und ich nickten.

»Sie wollen also in Amerika bleiben und haben einen Amerikaner geheiratet.«

Ich nickte.

»Do you like America?«

Ich nickte.

»It's a great country, you know.«

Wir nickten.

Die Frau nickte.

Schweigen.

Das Blättern in den Seiten der Akte. Durch das Fenster schien die Sonne.

Das Räuspern des Anwalts.

Guy nahm meine Hand.

Das Klopfen des Bleistifts auf dem Tisch.

»You know what?«

Wir schüttelten die Köpfe.

»Ich war gerade in Honululu.«

Sie sah uns an.

»Urlaub.«

Wir sahen sie an.

»You are approved.«

Jetzt bekam ich eine echte Greencard, echt grün, auf Probe für zwei Jahre. Eine echte Social Security Number.

Von da an konnte ich ein Ziel haben. Zuvor war es um das Dortsein gegangen, um das Über-die-Runden-Kommen. Jetzt ging es nicht mehr nur um das Über-die-Runden-Kommen, um das da sein und Dasein, sondern ums Weiterkommen.

Das unterschied mich von den meisten anderen.

Ich schrieb mich am College ein. Los Angeles City College. Das deutsche Abitur hatte ich zwar, aber in Amerika nützte es mir nichts. Ich musste Englisch belegen, Mathematik, Biologie, General Education hieß das, wenn ich auf die Universität wechseln wollte. Und das wollte ich.

Also belegte ich Englisch, Mathematik und Biologie und Filmgeschichte und Spanisch und was weiß ich noch. Belegte die Höchstzahl der zulässigen Kurse.

Nichts sollte mich aufhalten. Auch keine Anrufe spät in der Nacht. Jener Nacht, in der sie neben mir saß auf dem knallbunten Sofa im Wohnzimmer, weil er nicht wiederkam, weil ich nicht wusste, wo er war, und ahnte, es ginge nicht gut mit Guy und mir.

»Bist du's? Kannst du mich hören? Sag einfach nur ja, ich habe nur einen Anruf.«

»Ja.«

»Listen. Ich wurde verhaftet. Gegen dreihundert Dollar Kaution komme ich raus. Bitte, sag ja.«

»Ja.«

»Okay.«

»Woher soll ich dreihundert Dollar nehmen. Es ist mitten in der Nacht.«

»Bail Bond office. Dort Kaution bezahlen. Dann herkommen. Santa Monica. Sag nicht, dass wir verheiratet sind.«

»Wie du sprichst.«

»Erklär es dir später.«

Ich zitterte. Sie nahm mich in den Arm. Sie sagte, »Let's go«.

Wir fuhren zur Bank. Wir hoben dreihundert Dollar ab. Wir fuhren nach Downtown. 24-Hour Bail Bond Services.

In der miesesten Gegend hätten wir uns nicht mieser fühlen können.

Ein kleiner, schmieriger, halbglatziger, untersetzter, weißer, schwitzender Mann, in einem kleinen, schmierigen, halbdunklen, engen, vergitterten was sich Büro nannte, nahm mit einem schmierigen, breiten Grinsen und gelben Zähnen unser Geld.

Mit der Quittung fuhren wir durch nachtschwarze Häuserschluchten zurück in Richtung Westen. Santa Monica. Jail.

»Sie wollen Kaution hinterlegen?«

»Ja.«

»Name?«

Ich sagte meinen.

»Not yours. Den des Inhaftierten.«

Ich sagte seinen.

»In welchem Verhältnis stehen Sie zu dem Inhaftierten?«

»Er ist ein Freund.«

»Können Sie sich ausweisen.«

Ich reichte meinen Pass.

»Sie sind aus Deutschland.«

Ich nickte.

»Ich war in Deutschland in der army. Zweihundertfiftythousand von uns waren dort bis neunzehnhundertneunundachtzig. What a great time. Die mountains, die Frauen, der Rhein. Warum wollen Sie, die Sie aus Germany sind, für ihn, der, wie Sie sagen, nur ein Freund ist, die Kaution hinterlegen?«

»Er ist ein Freund.«

»Honey. Dreihundert Dollar, sind a lot of money. Sie könnten Ihr Geld besser anlegen als für so einen Freund. Sind Sie sicher, dass er nur ein Freund ist.«

»Er ist ein Freund.«

»Well, honey, es ist Ihre Entscheidung.«

Nach dem Satz dauerte es eine Weile, bis Guy herausgeführt wurde.

Ich sah graublaue Knastkluft. Ich sah Blutflecken. Ich sah Humpeln. Ich sah Anziehsachen, die er unterm Arm trug. Ich sah Nähte am Kinn.

Ich sah zu ihr.

Sie sah zu mir.

Wir standen auf, hakten Guy unter. Sie links, ich rechts.

Wir gingen über den Parkplatz zum Auto. Wir halfen ihm beim Einsteigen.

Er saß vorne. Sie fuhr. Ich saß hinten.

Lysoform. Desinfektionsmittel. Benutzte man früher für Kriegsverwundete. Danach roch es im Auto. Auch bei offenem Fenster.

Auf halber Strecke sagte ich, »Anhalten«.

Ich musste mich übergeben.

Später hat Guy erzählt. »Wir waren auf dem Weg zurück vom Football Game. Wir hatten ein paar Bier getrunken. Sam ist gefahren, fuhr in eine Einbahnstraße. Ausgerechnet vor dem Polizeirevier, dieser Idiot. Eine Streife hielt uns an. Sam sollte aussteigen. Hat er gemacht. Alkoholtest.

Sie legten ihm Handschellen an.

Ich saß noch im Auto.

Sie sagten, ich soll aussteigen. Wieso? Ich bin nicht gefahren.

Aussteigen.

Ich stieg aus.

Der Bulle stieß mich gegen eine Wand.

Mein Kinn wurde heiß. Ich dachte, shit. Ich rannte los. Ich bin einfach losgerannt. Der Hund neben mir her. Immer neben mir her. Bei Fuß, braver Schäferhund. Als ich nicht mehr konnte, hab ich mich auf den Bordstein gesetzt. Der Hund setzte sich vor mich. Wir blickten uns an. Auf Augenhöhe.

Der Bulle kam angekachelt. Schlappschwanz. Der Bulle sagte, ›Fass‹.«

Am Schenkel, am Schritt, am Arm. Nähte.

»Die haben mich in der Zelle zusammengeflickt.«

Ein Anwalt hat geklagt. Guy gegen das LAPD. Los Angeles Police Department.

Guy hat den Prozess gewonnen. Exzessive Force. Dafür bekam Guy dreißigtausend Dollar.

Haben wir bei der Bank abgeholt. Bank of America. Wir fuhren unter blauem Himmel durch die Stadt in dem weißen Alfa Romeo.

Wir parkten vor der Bank. In die Parkuhr steckten wir nichts. Wir waren reich.

Guy nahm eine Sporttasche vom Rücksitz und ging, Zebrahose und ärmelloses T-Shirt, in die Bank.

In der Sporttasche sei etwas anderes, hat der Bankangestellte gedacht, als er mit vorgestreckten Armen, die uns aufhalten sollten, auf uns zukam, »May I help you?«

»Ich bin hier, um mein Geld abzuholen. Wir haben einen Termin.«

Der Mann ließ die Arme sinken.

»Oh.«

Der Mann telefonierte. Es kam ein anderer Mann, der mit vorgestreckten Armen auf uns zukam, nicht, um uns aufzuhalten, sondern um Guy die Hand zu schütteln.

»Folgen Sie mir.«

In einem Raum stand ein Tisch. Auf dem Tisch lagen die Dollarnoten.

»Bitte, zählen Sie.«

Guy setzte sich, ich setzte mich. Der Mann blieb stehen, die Hände gefaltet. Guy zählte. Guy steckte das Geld in die Sporttasche. Zog den Reißverschluss zu.

»Thank you very much«, sagte Guy.

»Keine Ursache«, sagte der Mann.

»Auf Wiedersehen«, sagte ich.

In Silverlake hatte Guy jetzt Geld. In Silverlake dachte ich, jetzt haben Guy und ich Geld. Ich dachte, er könnte sagen, dass ich weniger arbeiten müsse, weil ich zum College gehe.

Guy hörte auf zu arbeiten.

Guy versteckte das Geld.

Bevor er das Geld versteckte, gab er mir die dreihundert Dollar für die Kaution und sagte, »Stimmt doch so?«

Ich lernte weiter am College und im Haus an meinem Schreibtisch im Schlafzimmer von Guy und mir und war selten für jemanden zu sprechen.

Einmal für Paul. Er rief an.

»Komm heute Abend in die Bar. Ich glaub, ich hab einen Job für dich.«

Bei Sean wollte ich kündigen. Darum.

Paul war noch Barkeeper. Paul hatte ich in der Bar kennengelernt. In die Bar ging ich, wenn ich mal rausmusste. Weg vom Schreibtisch. Weg von Guy.

Er arbeitete nicht mehr als Zimmermann. Er trank Whisky.

Ich sagte Guy, ich führe zu Paul in die Bar.

Ich fuhr, ich parkte, ich ging hinein, ich setzte mich.

Paul setzte sich zu mir. Paul sagte, »Ich stelle dir Gloria vor. Gloria sucht jemanden für ihre Bar. Cocktails servieren. Sag ihr, du hast das schon tausendmal gemacht.«

Paul stellte mich Gloria vor.

Gloria sagte, sie suche jemanden für ihre Bar, Cocktails servieren.

Ich sagte, ich hätte es schon tausendmal gemacht.

»Wo?«, fragte Gloria.

»In Germany«, sagte ich.

»I see.«

Zu Paul sagte sie, sie sei nicht sicher. Ich solle morgen in die Bar kommen, gegen zehn Uhr abends. Dann werde man sehen. »Sag ihr das.«

Zu mir sagte sie, »I see you tomorrow«.

Zu Paul sagte ich, »Was war das?«

»Gloria«, sagte Paul.

Paul begleitete mich zum Auto.

Ich lief auf dem Bürgersteig, er auf der Straße. Es fiel nicht auf, dass Paul größer war als ich. Wir blieben stehen, wir umarmten uns. Ich mit dem Gesicht zur Straße.

Langsam fuhr ein Alfa Romeo, Verdeck offen, hielt.

Guy.

Sein Blick traf meinen.

Traf, sage ich.

Der Motor heulte auf, der Wagen schoss davon.

»Was war das?«, sagte Paul.

»Guy.«

»Just a guy?«

»Mein Mann.«

»Oh.«

»Was wird er denken?«

»Er denkt, was alle Männer denken.«

»Das nennst du denken?«

»Weil ich das denken nenne, denke ich, vielleicht wäre es besser, du kämst mit zu mir.«

»Ich denke, das wäre keine gute Idee.«

Ich stieg in meinen Wagen, Corvair Corsa, außen weiß, innen dunkelblau metallic, ein Radio, bei dem jeder Song klang wie aus den Sechzigern, chromverkleidetes Armaturenbrett. The mild Coke bottle styling, nach außen geschwungene Kotflügel, schnittig von hinten und vorne. Ralph Nader, der immer politisch aktive Verbraucherschutzanwalt, schrieb in seinem Buch, *Unsafe at any Speed,* er sei unstabil und anfällig dafür, sich bei jeder Geschwindigkeit zu überschlagen.

Ich liebte dieses Auto. Weit kam ich nicht. Nicht, weil der Wagen sich überschlug. Ein Reifen hatte einen Platten. Links hinten.

Paul war noch da. Paul wechselte den Reifen.

Ich parkte vor Mitternacht in der Einfahrt vom Haus in Silverlake.

Ein schmaler Lichtstreifen fiel aus dem Wohnzimmer auf den Weg. Die Haustür war angelehnt. Ich schob sie auf.

In unserem Schlafzimmer die Bücher auf dem Boden. Regalbretter zerbrochen. Schubladen offen. Alles rausgerissen.

Guy im Wohnzimmer, ein Messer in einer Hand. Eine Flasche Whisky in der anderen.

Ich zitterte.

Guy raste.

Guy raste zum Alfa Romeo.

Guy raste den Hügel hinunter.

Guy kam in der Nacht nicht zurück. Er kam überhaupt nicht mehr zurück. Er zog wieder ins Continental.

Am nächsten Tag rief ich den Anwalt an.

»Ich will die Scheidung.«

Mit der Scheidung setzte ich Amerika aufs Spiel. Nach zwei Jahren hatte ich eine Wahl. Entweder oder. Aufs Ganze gehen. Wer nicht wagt, der nicht gewinnt.

Der Anwalt sagte: »Mit der Greencard, das wird nicht einfach. Ihre Probezeit ist noch nicht abgelaufen. Sie lassen sich von einem Amerikaner scheiden. Denken Sie daran. Wollte ich wetten, ich würde sagen fifty-fifty.«

Der Anwalt sagte, »Sie haben die Wahl, Sie können Ihrem Mann die Scheidungspapiere selber überreichen, das heißt, nicht Sie persönlich, Sie dürfen das nicht. Eine Freundin vielleicht, ein Bekannter, jemand, dem Sie vertrauen, oder es wird ein Gerichtsbeauftragter geschickt.

Wichtig ist, dass er die Papiere zuerst bekommt, von Ihnen, nicht umgekehrt.

Dann stünde es nicht einmal mehr fifty-fifty.«

Das erzählte ich ihr.

Sie sagte, »Das übernehmen wir«.

»Wir?«

»Du und ich«, sagte sie.

»Dann sind wir sicher, dass er sie bekommt«, sagte ich.

»Dann sind wir sicher, dass du sicher bist«, sagte sie.

»Es ist kein Spiel«, sagte ich.

»Betrachte es wie eins. Alles oder nichts.«

»Alles«, sagte ich, »sonst bleibt mir nichts.«

An einem Abend sind wir zu Paul in die Bar gefahren und haben getrunken und getrunken, bis die Bar schloss. Es war zwei Uhr nachts, als wir vor dem Continental parkten.

Ich rauchte eine Zigarette. Sie rauchte eine Zigarette, obwohl sie nicht mehr rauchte.

Ich sagte, »Los Angeles ist dunkel«.

Sie sagte, »Scheiß drauf«.

Sie nahm die Papiere, stieg aus, verschwand an der Seite des Hauses, stieg die Treppen hinauf.

Ich wartete. Ich wartete. Ich wartete.

»Gib mir 'ne Zigarette«, sagte sie, als sie sich wieder ins Auto setzte.

»Was ist«, sagte ich.

»Keiner da«, sagte sie.

»Das darf nicht wahr sein. Wir saufen uns einen an, wir fahren betrunken, du fasst dir ein Herz, alles oder nichts, und dann nichts.«

»Morgen ist auch noch ein Tag.«

»Das Ende kenn ich«, sagte ich.

»Wir fahren jetzt nach Hause. Ich fahr morgen wieder her. Alleine.«

»Nein«, sagte ich.

»Du gehst zum College. Du machst mich sonst verrückt.«

Frühmorgens ist sie hingefahren. Ich war im College. Lief über den Campus. Und plötzlich ein Stich, mitten ins Herz. Ich wusste, jetzt hat es geklappt. Ich weiß noch die Uhrzeit. Halb neun.

Später hat sie erzählt. »Um halb neun hat er die Tür aufgemacht. Ich habe gesagt, ich habe ein paar Papiere, die ich dir geben muss.

Er hat mich angesehen wie einer, der bereut. Ich glaube, er liebt dich.«

Ich blicke vom Hügel auf die Stadt.

Flimmernde Lichter im Zwielicht.

In Los Angeles ist die Milchstraße auf die Erde gefallen, denke ich.

Da oben wimmelt es wie hier unten, hätte sie gesagt.

Sie hatte zaubern wollen. Jetzt hätte ich es gerne gekonnt.

Verdammt noch mal.

Ich rufe Sean an.

Ich sage, »Sean«.

»Ja.«

»Ich weiß jetzt, man kann niemandem seinen Traum stehlen. Jeder hat einen. Besonders in Los Angeles.«

»Los Angeles kann ich nur jedem empfehlen, der ohne Traum kommt. Es existiert nur, wenn man selber existiert. Existiert, meine ich. Hart am Leben im Leben, bewusst, sich nicht gehen lässt, solange man kann. Noch kann ich.«

»Sonst gehst du unter?«, sage ich.

»Untergehen«, sagt Sean. »Es gibt mehrere Möglichkeiten. Wie immer. Auf jeden Fall bleibt man hängen in und an der Stadt, wie auf einem Trip.

Los Angeles ist brutal.

Los Angeles ist kalt, auch bei fünfunddreißig Grad im Schatten. In der warmen Luft spürst du dein Sehnen und merkst, das Glück rennt hinterher.«

»Oder, du brauchst es gar nicht?«, sage ich.

»Ich bin ein Romantiker, schon immer gewesen«, sagt Sean.

Ich sage, »Sie fing in Santa Monica damit an. Deutschland brauchte sie nicht mehr. Der verstaute Teil. Eine stille Landschaft, ein geheimer Ort, voller verschwiegener Wörter.«

Acht

Ich bin außer Atem. Begegnungen, neue und alte, Erinnerungen. All die Jahre hier in drei Tagen.

Laufschritt.

Alles greifen, nichts verlieren.

Als könnte ich durch Eile konservieren. Auch mich.

Ich bin die, die ich jetzt bin, aber spüre die, die ich war, als ich hier lebte. Ich weiß, wie ich jetzt aussehe, aber sehe mich, wie ich aussah, als ich hier lebte.

Gestern und Heute parallel. Oder sie kehren sich um. Das Gestern wird Heute, Heute ist Gestern.

Es hat sich wenig verändert, und doch ist alles anders. Merkwürdiger Schwebezustand.

Atempause.

Ich muss mir Langsamkeit erlauben, sie mir zugestehen, auch wenn die Zeit verrinnt, die ich mit ihr habe.

Die verdammte Uhr auf dem Nachttisch tickt.

Die Zeit verrinnt mit Uhren.

Ich halte sie an.

Ich nehme sie mir.

Ich werde durch die Stadt fahren. Einfach so. Vielleicht die Häuser noch einmal sehen, in denen wir gewohnt haben. Unsere Heime, ohne daheim zu sein, in denen wir uns doch daheim fühlten.

Zuerst rauche ich auf dem Balkon vom Motelzimmer eine Zigarette. Sollte das jemanden stören, kann er Anzeige gegen mich erstatten.

Blödes Amerika. Ich will rauchen, wo ich will, wann ich will, vor allem jetzt.

Nachdem ich mit Sean telefoniert hatte, gestern, bin ich zu einer Bar gefahren. The Room. Ich war schon im Room, als er noch auf der anderen Seite der Straße lag, noch kleiner, noch schmaler, ein Gang so lang wie die Bar, voller Europäer, am Ende eine Jukebox. Barry White *Practice what you preach*, The Temptations *I wish it would rain*. An einem Tag in der Woche jede Woche Frank Sinatra. *My way*. Immer verraucht.

Der Eingang ist jetzt von der Straße her. The Room ist jetzt geräumiger. Ich bestellte einen Drink, ich wollte rauchen. Durfte ich, da, wo früher der Eingang war, ist jetzt der Raucher-Patio.

Als ich das letzte Mal hier war, gab es den nicht. Ich ging mit meinem Glas zur Hintertür.

»Sorry, das Glas muss drinnen bleiben. Alkohol in der Öffentlichkeit ist verboten.«

»Stillen auch«, hatte ich gesagt.

In den Room ist sie nie mitgegangen. Wir gingen in die Monkey Bar. Die liebte sie. Es war eine ruhige Bar. Es war die Bar, in der wir den Wein umsonst bekamen. Cabernet Sauvignon.

Der Barkeeper hatte einmal gefragt, »Where are you from, girls?«

»Germany.«

»Wow.«

Danach gab er uns den Wein umsonst.

Wahrscheinlich hat er nicht nur uns den Wein umsonst gegeben. Wahrscheinlich musste die Bar darum schließen. Sie gehörte Jack Nicholson. Wenn eine Bar Jack Nicholson gehört, kann der Wein umsonst gegeben werden.

Lieber noch aber ging sie tanzen. Am liebsten im Glam Slam, in Downtown Los Angeles. Manchmal ging ich mit. Musik inmitten der Hochhauswüste. Funk und Hip-Hop auf sechsundzwanzigtausend Quadratmetern in Lila und Senfgelb und Blau und Rot und Grün die ganze Nacht.

Sie sagte, »I love it«.

Wenn sie allein im Glam Slam war, hat sie am nächsten Morgen erzählt.

»Ich habe getanzt, wir alle haben getanzt. Alles rausgetanzt. Mich hat sogar einer gefragt, ob ich mit ihm tanze. Hab ich gemacht. Stell dir vor. Ich konnte mir schon gar nicht mehr vorstellen, wie das ist. Was ist das, romantische Liebe?

Und plötzlich hörte die Musik auf und *er* stand auf der Bühne.

Hat drei Songs gespielt und war wieder weg.

Kleiner Prinz.

Auf dem Tanzboden in der Mitte ein Bildzeichen, männlich und weiblich in einem.«

Es ist heute noch kühler. Es ist, als zöge sich der Himmel zu. Vielleicht sind es nur morning clouds.

Ich müsste los, auch wenn ich nichts machen kann, außer da sein, für sie.

Nein, ungenau. Außer da sein, bei ihr.

Das schaffe ich jetzt nicht. Ich möchte den Tod nicht sehen, der sich ihre Maske aufgesetzt hat. Dieser Scheißkerl.

Plötzlich werde ich unruhig. Ich muss wissen, wie die Nacht für sie war, nachdem ich ihr gestern »Gute Nacht« gesagt habe und »ich habe dich lieb«.

Ich rufe an. »Hi, ich bin's, die Freundin aus Germany.«

»Oh yes. Hi.«

Die Stimme klingt wie die Stimme der Nachbarin.

»Ich bin so froh, dass du bei ihr bist. Gestern war kein leichter Tag«, sage ich.

»Nein.«

»Wie war die Nacht?«

»Okay, sie war ruhig. Sie hat geschlafen. Sie hatte keine Schmerzen.«

»Nach allem, was gestern war.

Gestern, die Pflegerin, sie hat, sie war, sie hat mir von ihrem Mann erzählt, der gestorben ist. Herzinfarkt. Sie zeigte mir Fotos. Sie wollte Wein trinken. Sie hat laut gesprochen.«

»Das bin ich. Am Apparat.«

»Oh, ich dachte, du wärst nicht du.«

»Ich bin aber ich.«

»I am sorry. Gestern warst du neben dir.«

»Sorry my ass.«

Ich sage, »Liz, es hat mich sehr irritiert«.

»Ich habe verstanden.« Liz knallt den Hörer auf.

Ich zittere.

Sie hätte gesagt, alles, was passiert, hat eine Bedeutung.

Ich schließe die Tür hinter mir zu, gehe die Treppen hinunter zum Parkplatz, fahre los.

Zuerst nach Venice.

Zu Sean.

Es wird Zeit.

Am Strand zieht mich doch erst wieder das Wasser an. Schuhe ausziehen. Barfuß durch den Sand, der nicht heiß ist wie im Sommer. Es ist weit bis zu den Wellen. Da, wo der Sand nicht feucht ist von der Flut und so nah, dass ich die Wellen sich brechen sehe, setze ich mich. Es sind nicht viele Leute hier. Es ist Oktober.

Dreißig Meter links von mir liegt ein Mann, der sich sonnt. Zwanzig Meter hinter mir singt eine Frau Mantras. Zehn Meter rechts von mir sehe ich eine Familie. Zwei Frauen, schwarz gekleidet, lange Röcke, lange Ärmel, Kopftuch, sitzen auf einer Decke, die eine ist jung, die andere ist älter, Tochter und Mutter, und ein Kind, das neben ihnen im Sand spielt. Ein Junge, dunkle Hose, weißes Hemd, rennt vom Wasser zur Decke, sagt etwas, die junge Frau erwidert etwas, der Junge rennt zurück zum Wasser und krempelt die dunkle Hose hoch bis zum Knie. Er ist barfuß. Er läuft hin und her zwischen Wasser und Decke. Zwei Männer, der eine jung, der andere älter, in schwarzen Hosen und schwarzen Jacken stehen neben den Frauen, neben der Decke, sie unterhalten sich, sie haben den Jungen am Wasser im Blick. Der Junge und die Männer tragen Kippa. In der Ferne der Pier, das Riesenrad auf dem Pazifischen Ozean.

Ich schließe die Augen. Ich denke an Darri. Er liebt das Mittelmeer. Ich höre ihn sagen, »Ich sehe die felsigen Buchten, die Pinien, die ihre Schatten aufs Wasser werfen. Das tiefe Blau des Wassers. Manchmal ist es grün. Ich sehe die Schiffe der Phönizier, Ägypter, Araber, Griechen und Römer, von Tanger bis nach Istanbul durchs Wasser gleiten. Ich liebe die mediterranen Farben, sagt man doch. Ich meine, in Amerika sagt man so, oder? Mediterranean style. Terrakotta, gelb in allen Schattierungen, Korbgeflecht, helle Möbel. Hier wirkt es aristokratisch. Sind aber die Farben der einfachen Leute. Was soll ich sagen. Ich bin Spanier. Ach nein. Mich hat das immer irritiert, spanisch, portugiesisch, marokkanisch. Ich bin eine Mischung. In Melilla liegen die Gebeine von allen begraben. Meine Asche soll ins Mittelmeer ins goldene Licht der Dämmerung. Hier ist die Dämmerung rot. Rote Sonnenuntergänge in Los Angeles, das macht der Smog. Ist auch schön. Was haben die Himmel gemeinsam? Die Wolken ziehen höher am Himmel entlang, anders als im Norden, da berühren sie die Häuser, das hast du doch gesehen, oder? Ich habe es in Schweden gesehen. Warst du schon mal in Schweden? Ich ja. Meine erste Auslandsreise. Ich war neunzehn Jahre alt, ich aus Melilla, Nordafrika, in Schweden. Und was mache ich? Ich bestelle eine Pizza. Die Pizza bekam ich. Aber ich fing nicht an zu essen. Ich wartete. Der Kellner kam an meinen Tisch. Er fragte, worauf warten Sie, Ihre Pizza wird kalt. Ich sagte, ich warte aufs Brot.«

Ich öffne die Augen. Die Familie rechts von mir ist nicht mehr da. Die Frau hinter mir hat zu singen aufgehört.

Langsam gehe ich, weg von den Wellen, an dem Mann vorbei, der sich sonnt. Weißes langes Haar, die Hose hell, bis zu den Knien hochgekrempelt. Der freie Oberkörper gebräunt. Der freie Oberkörper muskulös.

Die Decke, auf der der Mann liegt, ist nicht mehr sauber. Neben der Decke, auf der der Mann liegt, stehen Tüten, die voll sind mit Dingen. Neben den Tüten ein Armeerucksack, der voll ist mit Anziehsachen. Neben dem Armeerucksack ein zusammengerollter Schlafsack. Auf dem Schlafsack ein Sticker: Hier musst du gut aussehen oder du siehst aus wie ein Vollidiot.

Der Mann sieht zufrieden aus.

Ich gehe an dem Mann vorbei in Richtung Gingerbread Court an der Promenade. Klinkerstein, weiße Fensterrahmen, grüne Dachziegel, efeubewachsen. Lebkuchenbungalows. Charlie Chaplin soll sie gebaut haben, aber niemand weiß das so genau

Durch ein Tor gehe ich in einen Hof.

Es ist angenehm ruhig.

Ich gehe an den Läden vorbei, die jetzt hier untergebracht sind, sehe mich um.

In der hintersten Ecke rechts ist Sean's Café. Drinnen sind ein paar Holztische, links der Tresen und die Kasse. Farben von Safran.

Sean sehe ich nicht.

Ich bestelle einen Kaffee und setze mich nach draußen auf einen der weißen Plastikstühle an einen der weißen Plastiktische.

»Hey.«

Da steht er. Zigarette in der Hand.

»Sean.«

An ihm ist die Zeit vorbeigegangen.

Wir umarmen uns.

»Jetzt bin ich also da.«

»Finally«, sagt Sean.

»Schön hast du es. Es ist ein guter Platz.«

»Ich wollte nicht für jemanden arbeiten.«

»Hast du nie.«

»Café in West Hollywood, antike Möbel in Hollywood, Restaurant in Santa Monica, Café hier.«

»Im Antikshop haben wir geschliffen und lackiert, und gegenüber haben wir mexikanisch gegessen.«

»Wenn ich es mit diesem Café nicht schaffe, so habe ich es versucht. Und jetzt wird gegessen.«

Sean, Zigarette in der Hand, bringt Teller, stellt Ashe Mast, Ghormeh sabzi, Khoresht-e fesenjan und Reis auf den Tisch.

»Welcome.«

»Du bist der Alte geblieben«, sage ich.

»Älter als der Alte«, sagt Sean.

»Immer noch Immigrant«, sage ich.

»Emigrant, Immigrant. Wortklauberei.«

»Ich denke noch darüber nach«, sage ich.

»Und?«

»Ich weiß nicht.«

»Und du?«, fragt Sean.

»Auch darüber denke ich nach. So gesehen immerzu. Wenn ich an deine Geschichte denke, denke ich Exil. Wenn ich an deine Geschichte denke, denke ich Emigrant. Wenn ich an deine Geschichte denke, denke ich Immigrant. Wenn ich an unsere Geschichte denke, denke ich, auch wir haben uns wenig erzählt.«

»Ankommen war wichtiger als die Erinnerung.«

»Ja.«

»Erinnern hilft nicht, wenn man ankommen will. Weißt du das?«

»Ja.«

»Weißt du was?«

»Nein.«

»Erinnerung ist das Schönste und der größte Fluch. Für mich ist die Erinnerung Geschmack. Hier, iss.«

Wir essen. Joghurtsuppe, Lamm-Kräuterstew, Ente in Granatapfelsauce und Reis. Wir trinken Limonade. Echte, Wasser mit Zitronensaft, ungesüßt mit Eiswürfeln.

»Erzähl, Sean.«

»Meine Freundin ist weg. Nach England. Sie hat gesagt, sie will zurück. Sie hat gesagt, sie braucht Abstand. Ich habe gesagt, okay.«

»Fährst du zu ihr?«

»Vielleicht fahre ich. Wir wollen telefonieren. Vielleicht kommen wir wieder zusammen. Ich sage, wenn sie es so will, dann ist es auch gut für mich.«

»Du und die Frauen.«

»Nein, die Frauen und ich. Ich bin happy.«

»Das kannst du nur sagen, weil es war, wie es war.«
»Das sage ich, weil ich bin, wie ich bin.«
»Du bist, wie du bist, weil es war, wie es war.«
»Es war, wie es war, weil ich bin, wie ich bin.«
»Wie war es, Sean?«
»Du meinst, erzählen?«
»Ja. Noch einmal. Bevor die Zeit um ist«, sage ich.
»Wal Fardj. Unsere Operation Morgenröte. Ich fuhr mit der ganzen Familie von Teheran los. Wochenendurlaub, in Richtung Türkei.

Wir fuhren im Konvoi, drei Autos, meine Mutter, mein Vater, meine Schwester, meine Cousins, mein Onkel, mein Neffe, meine Tante. Und ich.

Khomeini festigte seine Macht. Krieg bis zum Ende jeglichen Verderbens. Es gab Kontrollen auf der Straße. Immerzu und überall.

Wir wollten in ein Dorf an der Grenze zur Türkei.

Von dort wollte ich abhauen. Ich wollte nicht in den Krieg ziehen. Der war schon drei Jahre alt.

Ich wollte zu meiner Frau. Die war schon in den USA.

Ein Bekannter in Khoy wollte mir helfen.«

»Khoy?«

»Weißt du, was das bedeutet? Schafe«, sagt Sean.

»Der Bekannte hat dich verraten«, sage ich.

»Sie haben uns aus dem Auto geholt. Am dritten Kontrollpunkt. Sie haben uns voneinander getrennt. ›Warum sind Sie hier? Woher kommen Sie?‹ Drei Stunden lang.

Unsere Antworten haben sich widersprochen, wir hatten uns nicht abgesprochen. Sie verhafteten mich.«

»Und die Familie?«

»Die Familie ist drei Tage geblieben, versuchte herauszufinden, wohin sie mich gebracht hatten.

Niemand wusste, was mit mir passieren würde, was überhaupt passieren würde in meinem Land.«

»Das weiß man jetzt auch nicht,« sage ich.

»Ich war zweitausenddrei wieder zu Hause, nach neunzehn Jahren zum ersten Mal. Dann zweitausendvier. Zweitausendacht. Zweitausendneun. Zu Hause.«

Sean zieht an einer Zigarette.

»Zweitausendneun merkte ich, wie weit weg ich war. Ich dachte, wenn ich erst einmal da bin, passe ich wieder dazu. So ist das nicht. Ich kann dort nicht mehr leben. Amerika ist meine Zukunft.«

Ich genieße es, hier zu sitzen. Die Jahre können uns nichts anhaben. Partners in crime, denke ich.

Wir sind ein Stück des Wegs in Amerika zusammen gegangen.

Trotzdem reden wir so zum ersten Mal. Das ist erstaunlich. Es ist beruhigend.

»Hier fühle ich mich sicher. Das nennt man Demokratie.

Im Iran haben alle Angst. Ich sehe die Angst in ihren Augen, wenn ich dort bin. Niemand traut sich, offen zu sprechen, nicht der Bäcker, nicht der Fleischer. Nicht einmal am Telefon. Ich weiß das. Wenn ich nicht schlafen konnte, bin ich raus. Mit mir haben sie gesprochen, weil ich aus Amerika kam. Niemand weiß, was als Nächstes passieren wird. Die Ungewissheit ist in jedem Gesicht. Man darf so vieles nicht. Nicht mit einem Mädchen zusammen auf der Straße gehen. Keinen Alkohol mit seiner Familie trinken. Keine lauten Partys. Sie kommen und holen dich ab. Alles wird überwacht. Kein Vertrauen. Überall Spitzel.«

»Manchmal in der eigenen Familie«, sage ich.

»Du kannst erzählen«, sagt Sean.

»Ich könnte, aber ich will nicht«, sage ich.

»Dann erzähle ich. Du willst, dass ich erzähle. Also erzähle ich. Ich habe lange nicht darüber gesprochen.«

Sean nimmt sich eine neue Zigarette.

»In der ersten Woche im Gefängnis war ich privat untergebracht.«

»Privat?«

»Mein Englisch.«

Sean lacht. »Ich meine, alleine.«

»Einzelzelle?«

»Eins Komma acht mal drei Meter. Ein kleines Loch in der Wand sagte mir, ob es Nacht war oder Tag. Sie haben mich geschlagen.«

»Gefoltert.«

»Verglichen mit dem, was die Amerikaner über die Jahrzehnte und erst jetzt wieder alles verbrochen haben, war es harmlos.«

Sean zieht an seiner Zigarette.

»In der Nebenzelle war ein junger Mann. Ich hörte ihn. Er war politisch. Eines Tages hörte ich nichts mehr. Er tauchte nie wieder auf.

Mich haben sie zwei Tage lang gefragt, dann haben sie mich allein gelassen. Möchtest du Kaffee?«

Sean ruft einen seiner Kellner. Sean ordert zwei Kaffees. Der Kellner räumt die Teller ab.

»Es ist traurig, die Sache mit ihr«, sagt Sean.

»Ich erzählte gerne, aber ich kann nicht«, sage ich.

»Erzähl mir nichts. She is such a nice person.«

Der Kellner stellt die Kaffees auf den Tisch.

Sean nimmt Zucker. Sean rührt. Sean ist einsam, das sehe ich.

»Nach vier Wochen wurde ich mit zwölf anderen Männern zusammengelegt. Eineinhalb Monate. Danach brachten sie mich in ein normales Gefängnis. Wo Kriminelle waren. Die Gefängnisse waren primitiv. Von der alten russischen Armee, wo früher die Pferde untergebracht waren. Das Essen. Jeden Tag Bohnen. Morgens Brot mit Käse. Einmal die Woche duschen. Dreimal am Tag zur Toilette. Im dritten Gefängnis konnte ich wenigstens laufen. Es gab eine Art Hof.«

»Wie lange?«, frage ich.

»Viereinhalb Monate. Das war die Ewigkeit.«

Wir trinken den Kaffee. Sean hat sich eine neue Zigarette angezündet. Ich nehme mir eine von seinen. Wir blicken einfach eine Weile hinaus aufs Meer.

»Vor der Entlassung musste ich eine Erklärung unterschreiben, dass ich keinen Fluchtversuch mehr unternehme. Mir wurde ein Gerichtstermin gegeben, ich sollte dort die Rekrutierungspapiere vorlegen.

Sie gaben mir zwei Monate Zeit.

Als Pfand, dass ich nach zwei Monaten wieder erscheinen würde, musste mein Vater das Haus überschreiben.

Nach einem Monat bin ich abgehauen.

Und jetzt muss ich arbeiten.«

Und ich muss weiter. In ihre Richtung.

Ich entscheide mich für Olympic.

»Der hat seinen Namen neunzehnhundertzweiunddreißig bekommen, vorher hatte er nur eine Nummer, die Zehn«, hatte der Bekannte mit dem abgeschnittenen Mercedes vor Jahren gesagt.

In Santa Monica gibt es noch einen Mittelstreifen aus Gras und mit Bäumen, weiter östlich wird die Straße sechsspurig. Der Verkehr fließt voran. Ich mittendrin. Ein Strom, der Wagen mein Floß, weiter in Richtung Norden auf La Cienega.

Je weiter nördlich, desto übersichtlicher.

Je weiter nördlich, desto weißer.

La Cienega, es könnte irgendeine Straße sein, wären da nicht die Hügel im Norden, die ein Auftauchen versprechen aus der Marsch aus Supermärkten und Discountern, Drogerien und Schellrestaurants, Tankstellen und Autowerkstätten und Reifenwechselstationen, gesichtslosen Meilen Zement, von Palmen gesäumt und Menschen, die gehen oder warten.

Ans Ufer geschwemmte Algen.

Ich drifte in der Strömung fort. Gleichförmig, still. Es besteht keine Gefahr.

Als sie bestand, haben wir sie nicht gesehen.

Sie am wenigsten von allen.

Ich stelle den Wagen vor dem Haus ab, in dem ich die letzten vier amerikanischen Jahre mit Darri und unserem ersten Sohn gewohnt habe. Clarissa Avenue.

Ich glaube, hier war ich in Amerika am meisten zu Hause. Von hier aus laufe ich. Atme die Luft ein, die nach Regen riecht, die so ruhig ist wie alles hier.

Ich höre keinen Vogel. Kein Auto fährt an mir vorbei, kein Mensch begegnet mir. Ich bin allein. Alles wird zur Kulisse. Leer die Häuser, hinter den schwarzen Fenstern nichts. US Postal Service, we deliver for you, parkt in der zweiten Reihe vor ihrem Haus. Kein Postbote weit und breit.

Ich klopfe an ihre Tür. Ich warte.

»Who is it?«

»It's me. Her friend from Germany.«

Die Tür öffnet sich.

»Du kannst nicht rein.«

Es ist Liz, die das sagt.
»Doch, das kann ich.«
»Ich lasse dich nicht rein.«
»Doch, das wirst du.«
»Wieso sollte ich?«
»Weil du nicht als Türsteherin arbeitest, sondern als Pflegerin.«
Ich drücke die Tür auf, so, dass Liz nichts daran ändern kann, stelle meine Tasche nicht ab, gehe durch den kleinen Flur zu ihr, küsse sie auf die Stirn.
»Meine Süße«, sage ich, sie fährt sich mit der Zunge über die trockenen Lippen, lächelt schwach.
Den Korbstuhl ziehe ich nah ans Bett, setze mich, halte ihre Hand in meinen beiden Händen.
»Ich bin jetzt bei dir.«
Sie nickt.
Am Kopfende des Bettes, an der Wand, hängt das bemalte Tuch. Es hängt über ihrem Bett, seit sie hier wohnt. Mir fällt es erst heute wieder auf. Das Universum, Karte XXI aus dem Toth Tarot.
Mann, wir konnten gar nicht genug davon bekommen.
Sie fing damit an.
Nachdem sie angefangen hatte, legten wir uns ständig die Karten. Alles traf zu. Immer. Universum.
Der Höhepunkt der Reise unseres Narren. Pierrot. Da bist du wieder. Der Tänzer in einem Sternenkreis hält eine Schlange und einen Haken in seinen Händen und blickt in das Auge Gottes. In den Ecken der Karte sind der Adler, der Stier, der Löwe und der Mensch, Symbole für die Sternzeichen Skorpion, Stier, Löwe und Wassermann.
Alles hat seinen Platz gefunden und der Kreislauf des Lebens kann von neuem beginnen.

»Das Universum. Es ist wirklich deine Karte«, sage ich. »Sie ist so farbenfroh. Weißt du?«

»Was?«, sagt sie.

»Draußen sind die Farben heute genauso wie auf dem Tuch. So grün, so gelb, so blau, so leuchtend. Ich liebe diese Karte genauso sehr wie du.

Soll ich dir noch einmal sagen, was sie bedeutet? Nicht, dass du es nicht wüsstest, besser als wir alle sowieso, aber ich könnte es dir trotzdem erzählen, einfach, weil du es vielleicht hören willst.«

Ich rede und rede. Verdammich. Als könnte ich gegen irgendetwas anreden. Idiotische Hilflosigkeit.

»Das Symbol für den Höhepunkt der Entwicklung – das erreichte Ziel. Die Arbeit ist getan oder wird bald getan sein werden, und wir haben den Platz in unserem Leben gefunden oder werden ihn bald finden. Harmonie zwischen Geist und Körper, Selbstverwirklichung, Universum ist Krone und Ende. Der Tod war die Wiedergeburt, der Teufel die Überwindung der Einschränkungen, der Turm der Zusammenbruch des Gefängnisses. Wir folgten dem Stern, erforschten den Mond, fanden die Sonne und beobachteten, wie Phönix aus der Asche stieg. Schließlich berührten wir das Universum.«

Sie sagt, »Ich hab dich lieb«.

Liz steht in der Tür. Ich bemerke sie jetzt.

Sie bekreuzigt sich.

Verflucht soll sie sein.

»Sie braucht Ruhe. Du musst gehen. Das habe ich beschlossen.«

Ein Wink mit meiner Hand.

Raus.

Ich komme nach.

Liz und ich stehen im Wohnzimmer. Der Fernseher läuft.

»I live in this country for fourty years«, sagt Liz. »Nobody ever talk to me like that.«

»Ich habe nur die Wahrheit gesagt.«

»Ich könnte dir eine reinhaun.«

Liz ballt die Faust.

»Lass das«, sage ich.

»I can be a bitch, you know?«

Ich nicke.

»You don't talk to me like that or.«

Ich schweige.

»She needs peace.«

»Dann beruhige dich.«

»She needs family.«

»Ihre Freunde sind ihre Familie.«

»Nein, you are friends.«

»Manchmal sind Freunde mehr wert als Familie«, sage ich.

»Meine Familie?«, sagt Liz.

Ich sage nichts.

»I have a life outside of here.«

»Es geht um sie, nicht um dich.«

»Das hier ist ein Job«, sagt Liz.

»Tu ihn«, sage ich.

»There is a person dying here. Ich will mich nicht mit irgendwas anstecken«, sagt Liz.

Schatten. Falsche Sicht. Sackgasse.

Ich lasse sie im Wohnzimmer stehen und setze mich wieder in den Korbstuhl, nehme ihre Hand in meine Hände und betrachte das Universum an der Wand.

Die Karte kann auch bedeuten, dass der Weg, den jemand eingeschlagen hat, nirgendwohin führt.

Das möchte ich Liz ins Gesicht brüllen. Ich heule vor Wut.

Ich bleibe noch lange so sitzen.

Steve McQueen schläft, denke ich, als ich die Treppen hinuntersteige.

Ich wünschte, Phyllis käme.

Am Himmel sind keine Sterne zu sehen. Abendwolken. Regenwolken.

Ich will Sekt trinken und rufe Sean an.

»Sean, wir haben nicht zu Ende gesprochen.«

»Das kann man nicht zu Ende sprechen.«

»Ich habe Lust auf ein Glas Sekt«, sage ich.

»Ich habe Lust auf ein Glas Wein«, sagt Sean.

Ich sage, »Ich kaufe Sekt und Wein, und wir sprechen weiter«.

Als Sean sich ein Glas Wein eingießt, rot, und mir ein Glas Sekt, sage ich, »Die Amerikaner sagen zu Sekt champagne«.

»Für Target sagen sie targét«, sagt Sean.

»Target heißt Zielscheibe«, sage ich.

»Die war ich. Mein Vater sagte, er wisse nicht, wo ich bin. Missing in action. Zweiundzwanzigtausend Dollar hat das Visum gekostet. Meine Familie hat das Geld zusammengelegt. Unter falschem Namen flog ich von Teheran nach Frankfurt.«

»Wir kamen nicht von so weit her und taten uns schwer.«

»Ihr dachtet, ihr könnt euch gar nicht fremd fühlen«, sagt Sean.

Ich sage, »Du dachtest nicht weiter darüber nach«.

»Mir sah man es an. Ich kam aus dem Iran.«

»Uns sah man es nicht an, wir kamen aus der DDR.«

»Als das Visum abgelaufen war, flog ich nach Italien. Einmal Rom. Danach wieder nach Deutschland. Haben mich ohne Kontrolle durchgelassen wie einen Italiener.

Ich habe mich versteckt. Die Polizei konnte einen jeden Moment anhalten. Sie hatten Hunde, diese Schäferhunde. Ich habe mich immer versteckt, im Zug, im Bus, in Häusereingängen.

Ich war sechs Monate ohne Visum in Deutschland.«

»Wir brauchten keins«, sage ich.

Sean sagt, »Obwohl ihr aus einem anderen Land kamt«.

»Aus der anderen Hälfte«, sage ich.

»Die andere Hälfte war eine andere Welt«, sagt Sean.

»In der in derselben Sprache eine andere gesprochen wurde«, sage ich. »Du sprachst noch nicht mal Deutsch.«

»Ich machte mir ein schönes Leben. Restaurants. Bars. Auch das Hotel war teuer. Achtzig Dollar die Nacht. Ich brauchte Geld. Ich hatte Leute kennengelernt. Die Leute fuhren zum Flughafen. Wir haben abgekauft und weiterverhökert.«

»Heute würde man denken, Waffen.«

»Kaviar. Zum halben Preis. Die Touristen wussten nicht, wo sie verkaufen sollten, aber jeder wusste, die Touristen bringen Kaviar mit. Ich hatte einen Verbindungsmann, der hatte Kontakte zu teuren Hotels.«

»Hai in der Großstadt.«

»Tausend Dollar am Tag. Mit dem Geld bin ich nach Guatemala.«

»Miguel Ángel Asturias Rosales, hast du ihn nicht gelesen? Neunzehnhundertsiebenundsechzig wurde ihm der Nobelpreis verliehen. Da war er noch im Exil in Argentinien.«

»Wem hilft Literatur schon weiter.«

»*La trilogía de la república de la banana* ist die Geschichte eines Landes und seiner Menschen vor dem Hintergrund einer Frucht.«

»Das hab ich in der Zeitung über Deutschland gelesen«, sagt Sean.

Ich sage, »An dem Tag, an dem er den Preis bekam, feierte Asturias seinen achtundsechzigsten Geburtstag«.

»Ich war gerade zwanzig, als ich Deutschland wieder verließ. Musste zu einer Behörde, weil ich kein Visum hatte.

Die Frau sagte, ›Warum haben Sie kein gültiges Visum?‹

Ich sagte, ›Die haben mich das letzte Mal nicht kontrolliert‹.

Sie sagte, ›Das ist noch nie passiert, in der ganzen deutschen Geschichte nicht‹.

Ich sagte, ›Sie sehen doch‹.

Sie fragte, ›Wer war das?‹

›Woher soll ich das wissen‹, sagte ich.

Die Frau sagte, ich müsse hundert Deutsche Mark Strafe zahlen für jeden Tag illegal im Lande. Das hätte mich einundzwanzigtausendundetwas gekostet.

Ich sagte, ›Ich habe kein Geld‹.«

»Du solltest Asturias lesen.«

»Ich sollte eine Erklärung unterschreiben, dass ich nie wieder einreisen würde. Mit dem Papier bin ich zum Flughafen, und sie haben mich gehen lassen.«

»Und jetzt reist du als Amerikaner in Deutschland ein.«

»In Guatemala wollten sie auch ein Visum sehen. Ich hatte keins. Ich sagte, ich will Urlaub machen. Ich sagte, ich habe achttausend Dollar. Sie gaben mir drei Monate. Von Guatemala wollte ich nach Mexiko. Aber ich hatte kein Visum für Mexiko.

Ich fuhr also nach Guatemala City. Dort bin ich ins Konsulat. Die sagten, nee. Geht nicht. Sie sind Iraner. Sie müssen von Ihrem Land aus ein Visum beantragen. Warum haben Sie das nicht gemacht?

Ich wollte die bestechen, aber die haben nicht angenommen.

Ich hab mich aus dem Staub gemacht zur Grenze.

Unterbrich mich nicht. Hier, ich mache die zweite Flasche auf und schenke uns ein. Prost. So sagt ihr doch. Auf uns.

Dir will ich es erzählen. Ich habe sogar mein Notizbuch hervorgeholt. Das habe ich über zwanzig Jahre nicht angefasst. Ich bin zu einem Dorf nahe der Grenze. Dort bin ich auf eine Gruppe gestoßen, der habe ich mich angeschlossen. Zehn Tage warteten wir dort, habe den Namen vergessen. Bezahlte sechshundert Dollar, um über die Grenze zu kommen. Wir sind zu Fuß durch den Fluss nach Mexiko, dann nach Mexiko City mit dem Zug.

Ich blieb drei Wochen und fuhr dann weiter nach Tijuana.«

»Wenn ich das höre, muss ich denken, wie einfach war es im Vergleich für mich.«

»Es geht nicht nur ums Wie, es geht vor allem ums Warum und das Wann. Du kannst es nicht vergleichen.«

»Aber ich muss. Schau dir die deutsche Geschichte doch an.«

»Geschichte, Geschichte. Wenn du immer nur daran misst, kannst du gleich aufhören. Was hat die Geschichte mit dir zu tun. Nur so viel, solange sie deine eigene ist. Alles andere zählt nicht.«

»Das ist Blasphemie.«

»Ich weiß, worauf du hinauswillst. Aber das darf nicht der einzige Messwert sein. Es ist genug Scheiße passiert seither und genug andere Scheiße davor und währenddessen.«

»Man darf nicht vergessen.«

»Ich will gar nichts kleinreden. Ich will nur auch von anderem reden dürfen, ohne dass es gleich in Relation gesetzt wird. Oder dass ich es selber gleich in Relation setze, bevor ich überhaupt darüber rede.«

»Du hast leicht reden.«

»Ich komme aus dem Iran, nicht aus Deutschland.«

»Und warst in Tijuana.«

»Dort wurde ich wieder verhaftet und nach Mexicali gebracht ins Gefängnis. Dort waren Chinesen, Pakistani, Vietnamesen. Jede Nationalität getrennt untergebracht.

In den zehn Tagen, in denen ich dort war, habe ich nur eins gedacht: Vorwärts.

Es hat zwei Jahre gedauert bis hierher. Ich dachte, noch hundert Meilen.

Was sind schon hundert Meilen, nach all den Meilen, die ich zurückgelegt hatte.

Ich habe einen Beamten bestochen.

Zweitausend Dollar und ich war draußen. Fünfhundert hat mich der Coyote gekostet. Wir haben Kokain geschnupft, mitten am Tag, und dann los. Stundenlang zu Fuß und rüber über die Grenze nach San Diego.«

»Wo hattest du das ganze Geld?«

»Das war immer in meinen Schuhen. Weißt du, was ich auf der anderen Seite als Erstes gemacht habe? Ich ging zu McDonald's.«

»Essen.«

»Pinkeln. Das muss ich jetzt auch.«

Seans Wohnzimmer. Es sind die Möbel aus dem Antiquitätenladen, mit dem er Pleite gemacht hatte. Schlicht und sparsam, geschmackvoll und zurückhaltend. Für zwei gedacht. Von ihm nur bewohnt. So ist es, und so war es.

»Drei Tage war ich in San Diego«, sagt Sean, als er ins Zimmer zurückkommt. »Dann hat mich die Familie abgeholt. Ich war ja verheiratet. Wir hatten schon im Iran geheiratet. Zwei Jahre nach der Hochzeit wollten wir raus. Meine Frau fuhr vor, sie hatte ein Visum für sechs Monate. Als das Visum abgelaufen war, konnte sie die Staaten nicht mehr verlassen.

Und mich haben sie eingebuchtet.

Auch darum hat es zwei Jahre gedauert, bis ich sie wiedersah.«

»Ihr seid geschieden.«

»Ja. Zwei Jahre sind eine lange Zeit, wenn man jung ist.«

»Fühlst du dich jetzt hier zu Hause?«, frage ich.

»Ich lebe in Frieden. Die ersten fünf Jahre waren sehr schwer. Die Sprache, die andere Religion, die andere Kultur. Sie sind hier anders organisiert. Alle haben einen Plan für die Zukunft.

Ich hatte keinen. Ich musste erst einmal klarkommen. Und als ich fühlte, jetzt bist du da, dachte ich, jetzt musst du es schaffen. Es gibt keinen anderen Weg, keine Alternative. Man darf nicht zurückschauen. Immer nur nach vorne. Hier ist das Ende. Hier muss ich es schaffen.«

Ich frage, »Ist Amerika für dich Exil?«

Sean fragt, »Was ist das?«

Neun

Der Aschenbecher voll. Zwei Weinflaschen und zwei Sektflaschen leer.

»Du kannst jetzt nicht mehr fahren«, sagt Sean.

»Bei dem Satz muss ich gleich wieder an sie denken«, sage ich.

»Jetzt?«, fragt Sean.

»Wir haben gegessen. Damals, bei einem Freund von dir. Wir haben getrunken, Wein und Sekt. Sie, du, ich und ich weiß nicht mehr. Weißt du es nicht mehr?«, sage ich.

»Ich sagte zu ihr, du kannst nicht mehr fahren«, sagt Sean.

»Sie hat gesagt, du hast mir gar nichts zu sagen. Wir haben sie nicht aufgehalten. Sie hätte sich nicht aufhalten lassen. Sie ging und machte die Tür hinter sich zu.

Wir anderen saßen noch am Tisch. Volle Aschenbecher, Weinflaschen leer und leere Sektflaschen. Ein Motor heulte auf. Reifen drehten durch. Es gab einen ohrenbetäubenden Lärm. Einen Knall.

Dein Freund, wie hieß er, stürmte hinaus. Gewehr in der Hand. Ein Wagen stand quer auf dem Rasen auf der Anhöhe. Ein Briefkasten stand schief. Runter von meinem Grundstück, schrie er. Get off of my property. Und legte an. In letzter Minute sah er sie.«

»Der war im Krieg im Iran«, sagt Sean.

Ich bin nicht mehr gefahren. Ich liege in Seans Bett.

Sean schläft im Wohnzimmer auf dem Sofa. Ich schlafe nicht. Meine Gedanken kreisen.

Immer kreisen sie, sobald ich das Licht ausgeschaltet habe, wenn ich glaube, dass sie erschöpft sind und ich schlafen will. Nur schlafen. So wie jetzt.

Ich liege da. Das Licht ist aus. Mir fallen Sätze ein, von denen ich mir sage, die vergisst du nicht. Wie viele Sätze sind so verlorengegangen.

Jetzt brauche ich nichts aufzuschreiben. Ich liege nicht in meinem Schlafzimmer. Ich bin nicht zu Hause.

Zu Hause bin ich, wenn ich in Bewegung bin, hat ein Freund gesagt. Im Zug. Auf einem Schiff. Im Auto. Der Freund ist aus der DDR. In der Bundesrepublik ist er nicht lange geblieben. Schließlich ist er in die USA gegangen. Zu Hause ist er immer noch nicht, sagt er.

Bewegung.

Ein Gedanke. Autos.

Der andere, der mit der Gitarre, *The Fast and the Furious,* den ganzen Hügel ist er in seinem Wagen hinuntergerast. Auf Sunset zu. Hauptverkehrsstraße zur Hauptverkehrszeit. Unten eine Schule und Kinder. Hat das Lenkrad im letzten Moment nach rechts gerissen, die Tür aufgemacht und ist aus dem Wagen gesprungen. Die Bremsen hatten versagt. Der alte Chevy rammte gegen einen Laternenpfahl, gleich neben der Schule.

Noch ein Gedanke.

Mein roter Käfer. Auch Silverlake. War in der Einfahrt geparkt. Es war morgens, ich kam aus dem Haus. Musste irgendwohin. Der Käfer stand nicht da. Ich ging die Straße hoch und wieder hinunter. Vielleicht hatte ich nicht in der Einfahrt geparkt. Ich hatte ihn in der Einfahrt geparkt. Gestohlen war er. Später bekam ich einen Anruf von der Polizei.

Ich könnte meinen Käfer abholen. Wir sind zu einem Parkplatz gefahren, auf dem abgeschleppte Wagen warteten.

»Zweihundert Dollar und Sie dürfen ihn wiederhaben.«

»Ausgeschlachtet«, sagten sie erst, als ich bezahlt hatte.

Eine knallrote Hülle von neunzehnhundertfünfundsechzig haben wir für zweihundert Dollar zum Haus zurückgeschleppt.

Sean hat sie irgendwann gekauft und einen Motor einbauen lassen.

Noch ein Gedanke. Oregon.

Ich fuhr zwischen Wiesen und Wiesen und Bergen auf einer langen und leeren Straße, langsam, weil ich die Berge, schneebedeckt, die Wiesen und Wiesen sehen wollte. Aus dem Nichts war ein Polizeiauto im Rückspiegel. Sirenen. Der Polizeiwagen überholte mich und hielt. Ich hielt hinter ihm. Der Polizist stieg aus. Ich hatte das Fenster hinuntergekurbelt.

»Hello.«

»Sie fahren zu langsam.«

»Zu langsam?«

»Sie behindern den Verkehr.«

»Behindern?«

»Oregon Gesetz. Kapitel 811. Straßenverkehrsgesetz, Abschnitt 811,130.«

»Verkehr?«, sagte ich.

»Eine Person begeht den Straftatbestand der Verkehrsbehinderung, wenn die Person ein Kraftfahrzeug oder eine Kombination von Kraftfahrzeugen in einer Weise fährt, die die normale und vernünftige Bewegung des Verkehrs behindert oder blockiert.«

»Vernünftig«, sagte ich.
»Hören Sie einfach auf, den Verkehr zu behindern.«
»Aufhören«, sagte ich.
»You hear me«, sagte der Polizist.
»Yes«, sagte ich.
»Okay«, sagte der Polizist.
Er ging zu seinem Wagen, stieg ein, raste davon.
Ich, allein zwischen Wiesen und Wiesen, blickte auf einen schneebedeckten Berg. Ruhe.
Ich lausche, ob ich Sean hören kann im Wohnzimmer. Wahrscheinlich schläft er. Eigentlich habe ich Durst. Ich hätte gerne ein Glas Wasser. Vielleicht auch ein Aspirin. Ich überlege, ob ich aufstehen und in die Küche gehen soll.
Will ich mir ein Glas Wasser holen, muss ich durch das Wohnzimmer gehen, wo Sean auf dem Sofa schläft. Nach Aspirin müsste ich fragen. Ich möchte ihn nicht wecken.
Ich stehe auf, ich gehe durchs Wohnzimmer in die Küche, ich lasse Wasser in ein Glas laufen. Das Glas nehme ich mit ins Schlafzimmer.
Sean habe ich nicht geweckt. Licht fiel von Laternen durch die Fenster.
Ich finde keine Ruhe. Es liegt an unserem Gespräch, denke ich. Oder am Sekt.
Ein Gedanke.
Sekt haben wir auch im Kade getrunken. Kade, so haben wir immer gesagt. Sekt gab es, wenn die Schriftsteller aus der Schweiz oder aus Deutschland kamen, als Writers in residence ans Kade Institute for Austrian-German-Swiss Studies. Sekt, manchmal, wenn wir, sie und ich, dort allein waren, jeder ein Glas. Den Rest aus einer Flasche vom Vorabend.
Sie hatte den Job zuerst. Als sie genug davon hatte, hat sie mich gefragt. Der Professor hat mich genommen. Muss

neunzehnhundertzweiundneunzig gewesen sein. Der Professor schrieb ein Buch. Für das Buch haben wir recherchiert. Exilanten. European Film Fund. Paul Kohner, Ernst Lubitsch, Charlotte Dieterle. Sammlung und Verteilung von Geldern. Studios. Filmbosse dazu überreden, Verträge für einhundert Dollar die Woche anzubieten.

Ich sagte, »Kohner, der große Filmproduzent, ging zu Jack Warner. Jack Warner war Jude. Kohner sagte, die meisten flüchtigen Autoren seien Juden. Jack Warner nahm sofort vier unter Vertrag«.

Sie sagte, »Fuhr gleich weiter nach Culver City zu Louis B. Mayer. Gottfried Reinhard hatte zuvor zu Kohner gesagt, Stolz, pack ihn bei seinem Stolz, er setzt sich gern ins rechte Licht, hat er gesagt, hat er mir gesagt. Mayer soll gleich sechs unter Vertrag genommen haben, als er hörte, Warner habe vier«.

Ich sagte, »Dann ging's weiter zu Columbia. Harry Cohn sagte, was die können, kann ich auch. Er nahm zehn«.

Sie sagte, »Das waren zwanzig auf einen Streich. Döblin, Heinrich Mann, Leo Frank waren auch dabei«.

Ich sagte, »Alfred Polgar, Friedrich Torberg.«

Wir recherchierten Briefe, von denen, die bald nichts hatten.

Alfred Döblin: »*[...] was soll man bloß in dieser Steppe mit Drugstores und Buden, die sich Häuser nennen, tun? Zu allem Überfluss sind die sonst möglichen Bekannten ›Körfjuden‹ geworden ... (curphew Polizeistunde) und dürfen sich nur 5 Meilen weit bewegen; auch empfiehlt es sich englisch zu telefonieren. [...] Hier erlebt man wirklich und echt Exil. Auch in Bezug auf Almosen: denn bald, nach Fortfall der Arbeitslosenunterstützung in 3 Wochen, bin ich auch auf dem Punkte. Tja. –*«

Ich sagte, »Er war nicht der Einzige. Hier, sieh dir den Scheck an. Eine Spende von achtzehn Dollar«.

Sie sah ihn an und schwieg.

Wir sahen Paketlisten, Carepakete von Schauspielern, Schriftstellern, Regisseuren für die Schauspieler, Schriftsteller und Regisseure und deren Familien, die nichts hatten.

Wir sahen aus dem Fenster meines oder ihres Wagens auf Fahrten durch Los Angeles. Haben die Adressen überprüft, eine am Steuer, eine mit dem Stadtplan auf dem Schoß. 513 Camden Drive, Bruno und Liesl Franks Haus. Zweiflügelig, großzügig, licht.

»Und es war uns wie in einem Buch, als wir die Franks zum ersten Mal in Beverly Hills besuchten, waren wir ganz gerührt. […] es war alles ein wenig anders geworden. Trotzdem kam es uns vor als wäre alles sehr ähnlich …«

2145 Montana Avenue. Heinrich Manns Wohnung. Bescheiden. Dämmrig.

Ich sagte, »An dem Tag, an dem er starb, sank sein Kopf auf den Schreibtisch, sagt der Professor«.

Sie sagte, »Darum gehe ich nicht mehr zurück nach Deutschland. Nie mehr. Damit will ich nichts zu tun haben. Das bin ich nicht. Will ich nicht sein«.

Ich sagte, »Du bist sicher«.

Sie sagte, »Hier bin ich sicher. Ich bin daraus ausgebrochen«.

Und ich? Ausgebrochen, nachdem ich herausgerissen worden war, wie Seiten aus einem Buch. Fand nicht mehr rein. Darum irrlichterte ich. Von hier nach da. Auch in Los Angeles. Von Stadtteil zu Stadtteil, von Wohnung zu Wohnung. Entheimatung durch und durch, so sehr, dass ich nicht mehr spüren konnte, was andere sogar in Los Angeles ein Zuhause nannten.

Das musste sich ändern. Darum habe ich Los Angeles noch einmal verlassen, Ende neunzehnhundertvierundneunzig.

Ich ging nach Spanien. Of all places. Vielleicht, weil ich am College Spanischkurse belegt hatte. Vielleicht, weil ich nicht wusste, wohin sonst. Der erstbeste Ort war gut genug.

Ich kam bis nach Granada. Granada ist kalt im Winter. In der Sierra Nevada lag Schnee. In der Wohnung gab es keine Heizung. Und ich übersetzte mein erstes Buch. Aus dem Englischen, in Spanien. Mit Wintermantel und Schal und Handschuhen am Schreibtisch.

Drei Monate später war ich wieder in Los Angeles.

Plötzlich war auch ich in der Bewegung zu Hause. Wollte nicht stillstehen. Konnte nicht. Die ständige Desorientierung sollte Orientierungshilfe sein. Ich steuerte Orte an, weil ich nur eines bestätigt wissen wollte. Wohin ich nicht gehörte. Natürlich weiß ich das erst im Nachhinein, im Rückblick. Jetzt.

Wohin also wollte ich gehen? Nach Oregon, of all places. Portland. Möglicherweise, weil es anders war als Los Angeles. Kleiner. Grüner. Sich anders anfühlte. Städtischer. Heimischer. Es war kühler, nördlicher. Es erinnerte an Überschaubarkeit, Sicherheit, Gefestigtheit. Und der Regen tat gut, der graue, der fädrige, der nicht aufhören will. Meine gottverfluchte Verlorenheit. Beinahe wäre ich nach Oregon gezogen.

Ich hatte meine Sachen gepackt.

Ich hatte ihr gesagt, »Ich habe ein Zugticket«.

Sie sagte, »Do what you have to do«.

»Du bist verrückt«, sagte die andere.

Ich sagte, »Unsere Zeit hier ist sowieso um«.

Wir wohnten zusammen, oder so gut wie. Im Laurel Canyon. In zwei Häusern. Einer, den sie kannte, war für ein Jahr nicht in Los Angeles, oder auch nur für ein dreiviertel Jahr, was sind schon drei Monate, und hatte gesagt, »wenn ihr wollt«.

Die andere und ich waren in das Haupthaus an diesem Hügel gezogen. Sie ins Gartenhaus. Links unterhalb des Haupthauses, wenn man hinunterblickte vom Hügel. Mitten in der Wildnis mitten in der Stadt, Coyoten und Waschbären, drei gegen den Rest der Welt oder gegen die Halbwelt. Damit vertrieben wir uns die Stunden am Abend bis in die Nacht.

Sie fing damit an.

»Seth«, sagte sie.

»Dritter Sohn von Adam und Eva«, sagte die andere.

»Nicht der.«

»Ägyptischer Gott des Chaos, des Sturms und des Windes«, sagte ich.

»Der auch nicht. Der, der durch Jane Roberts aus einer geistigen Welt höherer Realität zu den Menschen spricht. Ich lese alle Bücher.

Hier: *The entity, the true multidimensional self, is aware of all its experiences, and this knowledge is to some extent available to these other portions of the self, including of course, the physical self as you know it.*

»Ah«, sagten die andere und ich.

Sie sagte, »Zeit und Raum sind Illusion. Zukunft, Vergangenheit und Gegenwart existieren nur in unserer physikalischen Wirklichkeit, in der geistigen Wirklichkeit existieren sie gleichzeitig. Jeder kreiert und wählt die Erfahrungen seiner Realität selbst, um ganz bestimmte Erfahrungen zu machen. Versteht ihr.«

»Klar«, sagten die andere und ich.
Sie sagte, »Quija«.
Wir sagten, »Was?«
»Außersinnliche Wahrnehmung.«
Ich sagte, »Gut, probieren wir's«.
Wir ohne Heimat irren so verloren und sinnlos durch der Fremde Labyrinth, las ich an dem Tag noch bei Max Hermann-Neiße.
Am nächsten Abend Brett auf den Tisch, Wein drum herum oder Sekt und die Finger auf dem Dreieck. Die der anderen und meine.
»Hello? Anybody there?«
Nichts.
»Helloho? Anybody there?«
Wir warteten. Wir starrten gebannt auf die Finger auf dem Dreieck.
Nichts.
»Hm.«
Wir blickten uns an. Wir warteten. Wir lauschten.
»Halloho.«
Ein letzter Versuch.
Die andere zuckte mit den Schultern. Ich zuckte mit den Schultern.
Sie sagte, »Da«.
Das Dreieck schrieb, »Ja?«
Erst stockend, dann immer schneller glitt es zu den Buchstaben auf dem Brett, und sie schrieb mit. »Es wird ein Brief, oder es werden mehrere Briefe.« Oh, wir haben Bücher gefüllt. Irgendwann haben wir nur noch den Stift geführt, Blatt für Blatt. Na und? Warum nicht. Automatic writing. Es hat funktioniert. Wie, war uns egal. Jeder hatte eine Erklärung. Unbewusstes Wechselspiel der Gedanken, Über-

tragung, Suggestion für die andere und für mich. Das Ding bewegte sich wie von selbst. Für sie Spiritualität.

Die andere und ich blieben auf dem Boden. Sie fing an zu schweben. Na und? Warum nicht. Jeder macht seins. This is America.

Sie ist dabei geblieben. Für sie wurde es eine Schule, eine höhere. Seth. Kabbala. Ich musste es nicht verstehen. Wir haben uns auch so verstanden. Oder gerade darum. Wunderbare Ergänzung.

Am Tage schrieb sie Hollywood News für deutsche Boulevardzeitungen. So verdiente sie ihr Geld.

Sie interviewte Stars. Das geht so, hatte sie gesagt, als ich helfen musste, weil einmal das Geschäft brummte. Kontakt mit der Agentur herstellen. Sagen, wer man ist, für wen man schreibt, was man will. Anfrage per Fax an die Agentur schicken. Auf Rückruf warten.

Manchmal waren Nachrichten auf dem Anrufbeantworter.

»Hi, this is Tony Curtis. I can't sit around and wait for the telephone to ring. Call me.«

Ein paar Tage später liefen sie und ich auf dem Santa Monica Boulevard entlang. Wohin? Unwichtig. Uns kam ein Mann entgegen. Rechts und links an seiner Seite Frauen mit langen blonden Haaren. Tony Curtis. Er blieb stehen. Wir blieben stehen. Wir standen uns gegenüber. Er nahm seinen Hut ab, machte eine weit ausholende Armbewegung und eine tiefe Verbeugung.

Wir nahmen die Hüte ab, die wir nicht auf dem Kopf trugen, machten weit ausholende Armbewegungen ohne Hüte in den Händen und tiefe Verbeugungen.

»You are so beautiful«, sagte er.

»Thank you«, sagten wir.

»Nein, ich danke, dass ich Sie sehen durfte«, sagte er.
»I call you tomorrow«, sagte sie.
»Can't sit around and wait for the telephone to ring«, sagte er.
»We know«, sagten wir.
»Gut, also dann, you are so beautiful«, sagte er und zog weiter, rechts und links je zwei Blondinen mit langen Beinen.

Nach neun Monaten oder einem Jahr, was sind schon drei Monate, wollte einer zurück in die Häuser, die ihm gehörten. Die andere und sie suchten sich eine neue Bleibe, und ich fühlte mich zum ersten Mal elend allein in Los Angeles. War ich auch in dem Haus auf dem Hügel.

Und ich hatte ein Zugticket. Neunundzwanzig Stunden, fünfundzwanzig Minuten ab Los Angeles Union Station und *there was nothing to it. Der Super Chief war pünktlich, wie immer ... Sie trug nichts außer einer Tüte ... Sie setzte sich und sah zu Boden. Wenn ich je ein unglückliches Mädchen gesehen habe, dann sie.*

Der Coast Starlight wäre auch pünktlich, so wie fast immer, und ich sähe Städte, deren Namen vorgeben, sie seien mehr als das, was sie sind, Salinas, Salem, Klamath Falls, das Meer, schroffe Küsten, Berge, dunkelgrüne Wälder, schmale Brücken über tiefen Tälern. Und ich sähe mich, *ein unglückliches Mädchen.*

Ich machte das Licht aus in dem Haus am Hügel. Ich trat mit meinem Koffer auf die Veranda, schloss die Tür hinter mir ab, ging die Stufen hinunter, am Gartenhaus vorbei, auf die Straße, packte den Koffer in den Kofferraum, stieg ein, fuhr den Hügel hinunter, über Sunset hinweg und weiter bis La Jolla.

Ich parkte den Wagen, stieg aus, ging den Weg zur Tür und klingelte.

Die Tür ging auf. Da stand sie und ich sagte, »I am not going«.

Ende neunzehnhundertvierundneunzig bin ich dann doch gegangen, aber nicht nach Portland in Oregon, sondern nach Deutschland.

Of all places.

Weil ich wieder hineinfinden wollte in meine Geschichte.

Weil das neue Leben immer noch an das alte, an beide alten, gekoppelt war, egal, was ich machte.

Weil ich mir einbildete, ich könnte zurückkehren. Mich hatte die Sehnsucht gepackt, so einfach.

Oder vielleicht war auch das Einbildung.

Diesmal bereitete ich wirklich alles vor. Ich packte, was zu packen war, in Kisten. Waren nicht viele. Was ich mit meinem Schreibtisch machte, weiß ich nicht mehr. Oder dem Schreibtischstuhl. Oder den Bücherregalen. Oder dem Bett. Mehr Möbel hatte ich nicht. Mehr Möbel braucht man nicht in Los Angeles, wenn man mit anderen zusammen wohnt. Einer hat immer einen Esstisch, ein anderer Stühle und ein Sofa und einen Fernseher. Alles andere ist in den Wohnungen. Komplette Küchen, Einbauschränke, walk in closets für Anziehsachen. Die paar, die wir hatten.

In Amerika lebt es sich mit leichtem Gepäck.

Mit leichtem Gepäck zog ich zurück nach Deutschland. Hab ich gedacht.

Die Kisten waren im Auto. Das Auto kam auf ein Schiff. Das Schiff sollte vor mir in Deutschland sein.

Ich rief die Reederei in Bremerhaven an.

Eine Dame meldete sich.

Ich sagte, »Wann läuft das Schiff aus Los Angeles ein?«
»Name des Schiffes?«
Ich sagte den Namen.
»Das Schiff gibt es nicht.«
»Auf diesem Schiff ist mein Container unterwegs.«
»Cargonummer?«
Ich sagte die Nummer.
»Finde ich nicht.«
»Dann suchen Sie.«
Die Dame von der Reederei sagte, sie riefe zurück.
Die Dame von der Rederei rief zurück.
Die Dame sagte, »Dieses Schiff gab es«.
»Das sagte ich doch«, sage ich.
»Awar«, sagte die Dame.
»Wie bitte?«
»Arabisch«, sagte die Dame.
»Und auf Deutsch?«
»Havarie.«
»Havarie?«
»Ein Chinese kam.«
»Ein Chinese?«
»Ladung übernommen.«
»Wo ist das chinesische Schiff jetzt?«
»Auf offener See.«
Schiffbruch. Omen? Ich dachte, hoffentlich nicht.
Im Januar, ich war schon in Deutschland, lief der chinesische Frachter schließlich ein. Sturmflut. Hochwasser an der deutschen Nordseeküste. Nichts mit Abholen. Irgendwann dann doch. Alles verschimmelt, die Kisten, die paar Sachen, die ich hatte, die Ledersitze grün.
Schöner Anfang. Schöneberg.
In Schöneberg hatte ich schon wohnen wollen, als ich

noch in Westberlin gewohnt hatte. Jetzt wohnte ich dort, dream came true. Annähernd.

Die Wohnung war nicht die, die ich mir gewünscht hätte. Hinterhaus, bei dem das Vorderhaus fehlte. Vierter Stock. Wohnzimmer, Küche, Schlafzimmer. In das Schafzimmer stellte ich den Schreibtisch, weiß nicht mehr, woher ich den bekam, vors Fenster. Davor eine Linde. Dielenboden in allen Zimmern, Farbe Ochsenblut. Kanonenofen. Keine closets, kein Kühlschrank, keine Einbauküche.

Ich drehe mich von einer Seite auf die andere. Ich möchte Sean wecken. Weiterreden.

Sagen, weil ich es vorhin nicht gesagt habe, weil ich nie die richtigen Worte finde, weil die Gedanken, sobald ausgesprochen, schon korrumpiert sind vom Wort und eine andere Richtung nehmen, sagen, »Zwar endeten die Straßen jetzt nicht mehr an einer Mauer, aber ich war fremd auf beiden Seiten. Ich war dazwischen. Bin ich manchmal heute noch«.

Ich denke, Sean sagt, »Sag ich doch«.

Ich denke, »Es wäre uns nicht eingefallen zu gehen, wenn sie nicht über uns hergefallen wären«.

»Mir auch nicht«, sagt Sean, denke ich.

»Es wäre mir nie eingefallen, nach Amerika zu gehen, wenn ich mich in der Bundesrepublik nicht gefühlt hätte wie in einer Fremde. Die gleiche Sprache machte es mir noch schwerer. Es war …«

Sean, denke ich, sagt, »Tückisch«.

»Heimtückisch«, denke ich.

»Fast zu Hause, aber eben doch nicht. Fremdsein im Gewohnten«, sagt Sean, denke ich.

»In der Bundesrepublik waren wir eben nicht exotisch genug. Wir fielen nicht auf. Darum ist Exil als Gefühl unter den Tisch gefallen.«

»Nur Gefühle machen die Dinge wirklich«, sagt Sean, denke ich.

»Komisch, das hätte von ihr sein können.« Ich drehe mich auf den Rücken.

»Du liegst hier, als lägest du auf der Couch«, sagt Sean, denke ich.

»Von wegen zusammengewachsen. Ein Land und trotzdem noch zwei Sprachen.«

Sean, denke ich, sagt, »Was hattest du gedacht. Dass du zurückkommen würdest und alles wäre in Ordnung. Problem gelöst. Dass sieben verflixte Jahre ausreichen? Weggehen allein ist nicht genug.«

»Problem nicht gelöst, weil ich mein Problem nicht gelöst hatte. Ich war im Transitbereich«, denke ich.

Uni in Berlin half nicht. Schon das Gebäude. Vernachlässigt, verschlissen, veraltet. So war auch das Studium. Unfreundlich, uninspiriert, unkonstruktiv. So waren die Professoren. Desinteressiert und abwesend.

Kein Vergleich zu Amerika.

Ich war angekommen und sehnte mich sofort zurück, zu ihr und den anderen, den Freunden. Ich hatte Angst, dass die Ferne trennen würde. Darin kannte ich mich aus. Das hatte ich erlebt.

Könnte ich doch einschlafen!

Das Wintersemester begann im Oktober. Noch hatte ich nicht aufgegeben. Ich war zurückgekommen und ich blieb. Auch im Winter. Hässlich und kalt.

Fuhr ich eben mit kalifornischem Nummernschild durch Berlin. Am Anfang in Los Angeles war es ein abgeschnittener Mercedes mit einem Berliner Kennzeichen gewesen.

Parallelität. Durchhalten.

Die neugierigen Blicke. Einmal am Zoo. Im Februar. Es

war Berlinale. Ich hatte geparkt, blieb im Auto sitzen, wartete auf jemanden vor dem Bahnhof.

Ein Mann ging um das Auto herum.

Ich beobachtete ihn durch das geschlossene Fenster.

Der Mann ging um das Auto herum, blieb am Fenster der Fahrerseite stehen. Starrte.

Deutsche starren. Amerikaner nicht.

Ich lächelte. Der Mann lächelte nicht.

Der Mann ging um das Auto herum. Vor dem Auto blieb er stehen. Beugte sich, um das Nummernschild zu betrachten. Ich sah zu, bis er wieder auftauchte.

Der Mann sah zu mir. Es war Berlinale, und ich war aus Los Angeles.

Einmal in Kreuzberg. Ich hatte geparkt. Wartete auf jemanden.

Ein Polizist ging um das Auto herum, klopfte an mein Fenster.

»You parking here not.«

Ich sagte, »Excuse me?«

Der Polizist deutete auf ein Schild.

»Oh. I didn't see it.«

»Hä?«, sagte der Polizist.

»It's just gonna be a minute«, sagte ich.

»Führerschein?«, sagte der Polizist.

»I'm sorry. I don't speak German.«

»American, wa?«

Ich sagte, »Yes«.

Der Polizist sagte, »Vergiss es«.

Ich genoss es. Im Auto war ich eine Amerikanerin in Berlin.

In der Wohnung in Schöneberg, Kanonenofen, Ochsenblut, versetzte mich eine Übersetzung an den anderen Ort.

Oder Briefe, die ich an sie schrieb.

Oder Briefe, die mich erreichten von ihr oder dem Professor.

Auch Briefe können die Welt verändern. Es kam ein Angebot, das ich nicht ablehnen konnte.

Ich schrieb zurück: Ja.

Ich packte, was zu packen war, in Kisten.

Mit leichtem Gepäck zog ich noch einmal weg aus Deutschland, im Januar neunzehnhundertsechsundneunzig.

Berlin war noch nicht eins, auch ohne Mauer nicht, und ich nicht eins mit mir.

Ich war zu früh zurückgekommen.

Ich blicke an die Zimmerdecke. Ein Scheinwerferstrahl geht darüber hinweg, von rechts nach links. In der Mitte ändert er seine Richtung und wandert von links nach rechts.

Ich sehe mich als Kind bei einem Freund übernachten. Ich lag im Bett, der Freund schlief schon, und blickte an die Zimmerdecke. Ein Schweinwerfer ging darüber hinweg, von rechts nach links. In der Mitte änderte er seine Richtung und wanderte von links nach rechts, und ich fragte mich, in welche Richtung das Auto gefahren war unten auf der Straße.

Mit diesem Gedanken schlafe ich endlich ein.

Zehn

An ihrer Tür hängt ein DIN-A4-Zettel. Ich lese und übersetze gleichzeitig. »Mit Rücksicht auf die Patientin bitten wir, von Besuchen bis auf weiteres abzusehen. Ausnahme, die Freundin aus Germany.« Der zweite Satz ist durchgestrichen. Nicht kühl und sachlich, sondern hasserfüllt.

Mir wird augenblicklich flau. Mir schießen augenblicklich Tränen in die Augen. Ich weiß, von wem die schwarzen Striche über dem letzten Satz sind. Ich weiß, dass ich an der Tür klopfen werde und wer die Tür öffnen wird.

Mit Rücksicht. Sie wünscht diese Rücksicht nicht.

Ich drehe den Türknauf. Die Tür ist verschlossen. Sonst war sie es nicht.

Ich klopfe.

Nichts.

Ich klopfe.

Ich warte.

Ich werde nicht weggehen.

Was würde sie tun? Sie würde brüllen. »You fucking bitch, open the fucking door.« Ja, das würde sie.

Ich muss lächeln. Ich klopfe, kräftig, so als brüllte ich, you fucking bitch, open the fucking door.

Die fucking Tür öffnet sich. Liz.

»Keine Besuche.«

»Wer sagt das?«

»Niemand darf rein.«

»Eben, also lass mich rein«, sage ich und stelle meinen Fuß in den Türspalt. Das habe ich in Filmen gesehen.

»Okay, okay«, sagt Liz. »Einen Augenblick, ja?«

»Okay«, sage ich.

»Warte, ja? Warte.«

»Gut«, sage ich.

Ich nehme den Fuß aus dem Türspalt. Das hätte ich nicht tun sollen. Ich stehe draußen.

Liz telefoniert.

Ich mache mich innerlich bereit für einen heftigen Streit mit Liz. Im selben Moment weiß ich, dass ich ihn nicht fechten werde. Ihretwegen. Im selben Moment weiß ich, dass ich ihn fechten sollte. Ihretwegen. Alles Irrsinn.

Die Tür wird geöffnet.

»Hello«, sagt Liz, als habe sie sie nie zugeschlagen.

»Hi«, sage ich.

»Du kannst reinkommen«, sagt Liz, als habe es nie einen Zweifel gegeben.

»How are you?«, sage ich.

»Gut«, sagt Liz.

»Fine«, sage ich.

Als ich ins Zimmer trete, lächelt sie.

»Hi sweety«, sage ich, gehe zu ihr und lege meinen Kopf auf meinen rechten Unterarm auf das Kissen. So bleibe ich stehen. Ich weiß nicht, wie lange.

Ich kann sie von der Seite sehen. Schmales Gesicht, hohe Wangenknochen. Neben ihr sehe ich mich wie einen Hünen.

Nachdem ich lange so neben ihr stehend gelegen habe, spreche ich.

»Weißt du, wo ich war, bevor ich herkam?«

Sie schüttelt den Kopf, als wolle sie sagen, du stellst vielleicht blöde Fragen.

»Im Le Pain quotidiens.«

Wenn wir dort waren, hat sie immer das Gleiche bestellt. Avocadosandwich, Orangensaft.

»Weißt du, was ich gegessen habe?«

Sie schüttelt den Kopf, als wolle sie sagen, wie viele blöde Fragen wirst du noch stellen.

»Avocadosandwich.«

»Gut«, sagt sie.

»Dazu Orangensaft, frisch gepresst.«

»Besser«, sagt sie.

»Milchkaffee.«

»Der war für dich«, sagt sie, dreht das Gesicht mir zu und sieht mich an.

Ich lächle, als wollte ich sagen, du hast es erraten.

»Sag ich doch«, sagt sie und lächelt zurück, verschmitzt und mit sich selbst zufrieden und mit diesem Blick, wenn sie der Welt etwas bewiesen hatte.

Das beruhigt mich.

»Als Tolstoi starb, hat seine Hand noch geschrieben, habe ich gehört«, flüstert sie.

»Wie wär's, wenn ich etwas vorlese«, sage ich.

Ein paar Bücher liegen auf dem Rolltisch neben dem Bett am Fenster. Ein Foto, es zeigt das markante Gesicht eines Mannes, steht neben den Büchern. Vor Jahren hat sie mir ein Foto von ihrem Vater gezeigt. Das Gesicht des Mannes auf dem Foto hat Ähnlichkeit mit dem des Vaters. Das Gesicht des Mannes ist das Gesicht eines Heilers.

Ich nehme ein Buch. Die mit einem Lesezeichen markierte Seite schlage ich auf und lese. Seite für Seite, über kosmische Heilung, über die Überwindung von Schuld, über Vergeben, sich selber vergeben.

Sie ist eingeschlafen.

Krieg und Frieden. Sie hat so viele Kämpfe gekämpft, die meisten mit sich.

Ich lege das Buch, aus dem ich vorgelesen habe, zurück auf den Stapel Bücher auf dem Tisch. Ich werde sie nicht nach Frieden fragen.

Liz betritt das Zimmer.

»Du musst gehen. Du regst sie auf.«

»Ich rege sie nicht auf.«

»Raus«, sagt Liz zu laut.

Ich beuge mich zu ihr.

»Ich muss kurz weg«, sage ich.

»You must leave already«, sagt sie.

»Ich komme gleich wieder.«

Den Disput mit Liz möchte ich nicht in ihrem Zimmer führen.

»Ich bin die Pflegerin. Ich habe das Sagen«, sagt Liz, als wir im Wohnzimmer stehen.

Ich sage nichts.

Ich brauche Luft.

Ich verlasse die Wohnung.

Wohin?

Wenn Hass eine Größe hat, so kann meiner für Liz nicht groß genug sein.

Erst einmal weg hier.

Auto, denke ich.

Erst einmal beruhigen.

Erst einmal losfahren.

Ziellos.

Ich lande in Highland Park. Avenues of Death, Drive-by shootings. Latino Gangs. Hundertsiebzig Meter über dem Meeresspiegel. Vom Freeway Abfahrt 53. Straße. Heruntergekommene Hauptstraße, mexikanische Lebensmittelläden, check-cashing businesses, Nagelstudios, 99-Cent-Läden, Autowaschanlagen, mexikanische Schnellrestaurants. Ladenschilder sind Geschichten. Pet's Wonderworld: No more petshop, no mas business.

Es hat angefangen zu nieseln.

Ich stelle den Wagen ab. Monte Vista Street. Gehe die Straße entlang. Bleibe vor dem Torbogen stehen, durch den ich neunzehnhundertsechsundneunzig zum ersten Mal ging.

Heute ist nicht Sonnabend. Nicht Sabbat. Ich höre es trotzdem. Wie ich es jeden Sonnabend gehört habe von nebenan. Gesänge wehten durch die träge Luft durchs geöffnete Fenster in mein Arbeitszimmer.

Die Männer hatte ich anfangs nicht bemerkt. Die Männer, mindestens zehn, die im Gebetsmantel und in dunklen Hosen auf dem Nebengrundstück über von der Sonne verbranntes Gras schritten.

Nach Deutschland schrieb ich, neben meinem Bungalow steht eine Synagoge.

Ich gehe durch das Tor, spanischer Kolonialstil, Sunrise Court. Ich stehe im Garten, um den sich die Bungalows aus den Zwanzigern des letzten Jahrhunderts niedergelassen haben wie Stars der Stummfilmzeit, denen der Ruhm abhandengekommen ist. Zu jedem Bungalow führt ein kleiner Weg.

Ich stehe vor dem Bungalow, in dem ich gewohnt habe. Er ist der dritte von links. Kein Swimmingpool.

Klopfen an meiner Tür. Ein smarter Sunnyboy, braungebrannt bis unter die Haarwurzeln, stand davor.

»Hi, Paramount Pictures«, sagte er.

»Nice to meet you«, sagte ich.

»Entschuldigen Sie die Störung. Wir möchten Ihren Bungalow mieten. Wir werden hier ein paar Szenen für einen Film drehen. Detektivgeschichte.«

»What's in it for me«, sagte ich treu dem Genre.

»Fünfhundert Dollar die Woche. Aber ausziehen müssten Sie schon.«

»Für einundsiebzig Dollar am Tag? Das soll wohl eine Ehre sein.«

»Hey, your apartment will be in the pictures«, sagte er.

Twilight. Ich habe den Film gesehen. Paul Newman geht durch das Wohnzimmer. Jemand war schon vor ihm da. Paul Newman geht ins Schlafzimmer. Jemand war schon vor ihm da. Paul Newman geht ins Badezimmer. Ich sehe den Spiegelschrank über dem Waschbecken, der Spiegel fast blind. Polizisten stürmen in den Bungalow. Vier mit Pistolen im Anschlag. Die Polizisten nehmen Paul Newman mit aufs Revier. Paul Newman ist ein Privatdetektiv. Ich hatte mein Apartment nicht vermietet. Die Szenen wurden im Bungalow gegenüber gedreht.

Flash. Klopfen an meiner Tür. Meine Nachbarin.

»Waren sie bei dir?«

»Wer?«

»Sie haben geklopft, es waren zwei. Der eine hat mir eine Knarre an die Stirn gehalten.«

»Mach nie die Tür auf, wenn es klopft und du nicht weißt, wer es ist.«

»Polizeisirenen, hast du sie nicht gehört?«

»Ich habe laut Musik gehört.«

»Sie sind weggelaufen.«

»Komm rein«, sage ich.

Ich schließe die Tür ab, ich lasse die Jalousien herunter. Wir sitzen im Wohnzimmer, als seien wir nicht da.

Klopfen an der Tür. Twilight.

»Open the door.«

Ich mache die Tür nicht auf.

»Los Angeles Police Department.«

Ich mache die Tür auf.

Der Officer sagt: »Haben Sie zwei Männer gesehen? Sie sind hier reingelaufen.«

»Ich nicht. Meine Nachbarin. Sie haben sie bedroht. Sie ist jetzt bei mir.«

»Schließen Sie die Tür. Machen Sie niemandem auf. Es kann sein, dass sie sich hier noch verstecken. Vielleicht unter dem Haus.«

Ich schließe die Tür. Unter dem Haus sind die Gasrohre. Früher wurden die Häuser mit diesem Hohlraum gebaut, damit Reparaturen vorgenommen werden können. Auch unter dem Haus haben die Officers nachgesehen. Die beiden Männer waren wie vom Erdboden verschluckt. Vielleicht von dem unter meinem Bungalow.

Ich wende mich zum Gehen, trete durch das Tor wieder auf die Straße, blicke auf marode Holzhäuser auf der gegenüberliegenden Straßenseite, vergessenes Spielzeug in verwilderten Vorgärten, übervolle Mülltonnen zwischen Section eight Apartments, den Wohnungen für einkommensschwache Familien. Hundertzwanzig Millionen verdienen in diesem Land genauso viel wie null Komma ein Prozent der Bestbezahlten.

Fahrt zurück.

Die Augen von Steve McQueen sind jetzt grau. Obwohl es nieselt, setze ich mich auf einen der gusseisernen Stühle.

Phyllis kommt auf mich zu.

»Any problems?«

»Liz hat mich rausgeworfen. Ja, so kann man es sagen, rausgeworfen.«

»Liz hat mich angerufen«, sagt Phyllis.

»Das tut mir leid«, sage ich.

»So geht das nicht. Das ist falsch«, sagt Phyllis.

Ich fange an zu weinen.

Phyllis nimmt mich in den Arm.

»Ich schäme mich für diesen Mangel an Respekt. Es ist deine Zeit, du bist hier, sie hat auf dich gewartet. Wir hatten unsere Zeit mit ihr. Ich gehe jetzt hoch. So geht das nicht«, sagt Phyllis.

»Das macht es vielleicht nur noch schlimmer. Auf keinen Fall darf sie etwas merken. Sie spürt doch immer alles«, sage ich.

»Don't worry«, sagt Phyllis.

Ich gehe und kaufe zwei Kaffees, einen für mich und einen für Phyllis.

Als ich zurückkomme, ist sie noch immer nicht da. Oder sie war schon da, ist mein besorgter Gedanke. Ich stelle die Kaffees auf den gusseisernen Tisch mit der Glasplatte. Ich warte.

Phyllis kommt wieder. »Alles ist gut. Du kannst jetzt wieder rein.«

»Kaffee?«, sage ich.

»Das wäre mein Job gewesen«, sagt Phyllis.

»Ihr habt so viel getan«, sage ich.

»Hey. Ich bin nur noch für das Grobe zuständig. Mehr kann ich nicht mehr. Ich gehe nicht mehr rein zu ihr«, sagt Phyllis.

»It hurts like hell«, sage ich. »Wie soll ich es sagen.«

»You are the poet«, sagt Phyllis. »Du wirst die Worte schon finden.«

Wenn mir das gelingt, denke ich, dann hatte unser Schweigen einen Sinn.

Phyllis sagt, »Ich fahre bald zu meiner Schwester nach Oregon«.

Wir werden uns nie wieder sehen. Phyllis weiß das. Ich weiß es. Es ist in Ordnung. Es hat seine Ordnung. Nichts daran ist falsch. Nichts daran ist oberflächlich.

Die Begegnungen mit Phyllis im Patio am gusseisernen Tisch, Zigarette und Kaffee, gehören nur in diese Zeit. Phyllis, ihre Nachbarin, mir eine Fremde, ist einfach da. Unauffällig. Unaufgefordert. Selbstverständlich.

Auch das gehört in dieses Amerika.

Phyllis sagt, »Ich gehe mit dir nach oben. Nicht deinetwegen. Ich bin der watchdog von Liz«.

Liz hat Gummihandschuhe angezogen, über ihre Kleidung einen Kittel. Jeder Handgriff wird jetzt mit Schutzanzug gemacht.

Mich erschreckt das und schreckt das ab.

Während Liz bei ihr ist, stehe ich vor dem Bücherregal im Wohnzimmer. Ich streife nicht entlang. Ich hasse diese Formulierung. Ich stehe davor und lese Titel auf den Buchrücken.

Zeugin der Verrichtungen von Liz möchte ich nicht sein. Darum gehe ich weiter weg, zu dem Bücherschrank, der in ihrem Arbeitszimmer steht. Glastür. Ich stehe davor und lese Titel auf den Buchrücken.

Der Rebell von Maximilian Schell.

Der Apfel fiel vom Stamm von Gottfried Reinhardt. Sie hat auch für ihn gearbeitet, den Filmproduzenten und Filmregisseur, den Sohn von Max Reinhardt.

Er hat erzählt, und sie hat die Erinnerungen vom Band

transkribiert. Er hätte nicht die Seiten für sein Buch diktiert, hätte er ihr nicht vertraut.

Sie saß an ihrem Schreibtisch in der Laurel Avenue und tippte. Ich sehe sie noch. Tag für Tag.

Er hätte sich nicht mit ihr unterhalten, hätte er ihr nicht vertraut. Nur manchmal erzählte sie. Vom kleinen Prinzen, über den sie oftmals sprachen. Der Hund seiner Frau Sylvia, sagte sie, habe er gesagt, habe für den Tiger Modell gestanden.

»I believe it. Die Zeichnung ähnelt einem Boxer. Sylvia, seine Frau hat gesagt, sie sei der Fuchs. I love it. Sylvia hat rotes Haar«, hatte sie gesagt.

Spaziergänge durch das Hollywood der Emigranten vom Professor. Das Buch, für das sie und ich recherchiert haben.

Ein Kirschbaum am Pazifischen Ozean von Jörg Steiner.

Ich bin überrascht. Ich öffne die Schranktür.

»Was machst du da.« Liz.

»Ich hole ein Buch aus dem Schrank.«

»Du musst mich fragen.«

»Ich muss gar nichts.«

»Du hast kein Recht. Du bist nicht Familie.«

»Ich stelle das Buch nachher wieder in den Schrank«, sage ich auf Spanisch. Vielleicht kann ich sie in ihrer eigenen Sprache beruhigen.

Liz bekreuzigt sich. Auf Englisch denke ich, she is lost.

Mit dem Buch in der Hand, die Schranktür habe ich wieder geschlossen, lasse ich Liz stehen, gehe zu ihr ins Zimmer und setze mich in den Korbstuhl.

Ich schlage das Buch auf. Es ist zweitausendacht erschienen.

Jörg Steiner habe ich neunzehnhundertsechsundneunzig

kennengelernt. Wintersemester. Ich wohnte schon nicht mehr in Highland Park. Ich hatte den Mietvertrag für den Bungalow gekündigt und mir eine Wohnung in Loz Feliz gesucht. In dem Bezirk, dem die Endung fehlt, werde ich immer denken. Clarissa Avenue, gleich um die Ecke von ihr, weil ich es nicht mehr ausgehalten hatte. Musste immer über den Freeway fahren, wenn ich sie sehen wollte.

»Was willste da, komm her«, hatte sie gesagt.

Ich dachte, ich hatte mir bewiesen, dass ich alleine wohnen konnte, ich hatte mir Zeit genommen, ich hatte Geschichten geschrieben, Verlockungen der Nähe und des Rotweins und der langen nächtlichen Gespräche widerstanden. Ich hatte mich gezwungen zur Einsamkeit.

Ich hatte mir bewiesen, dass ich sie aushalten konnte. Ich hatte noch etwas bewiesen. Ich hatte ein Semester lang unterrichtet, ich hatte ein Semester lang Kurse belegt, ich hatte ein Semester lang für den Professor am Kade gearbeitet. Ich hatte alles geschafft. Diesmal vollkommen und eigentlich wirklich zum ersten Mal. Allein und planmäßig. Ziel vor Augen, ohne Abschweife und Umschweife.

Nobody would stop me. Nicht einmal ich mich selber. You can do it, sagte ich mir. Wenn, dann hier. Auch das ist Amerika. Jedenfalls für mich. Opportunities, Möglichkeiten. Es ist anstrengend, das ist wahr. Es ist hart, das ist wahr. Das Beste muss man aus sich herausholen, das ist wahr. Ohne zu lamentieren.

You can do it, sagten sie mir. Es ist immer mehr yes als no.

Als ich die Geschichten geschrieben hatte, habe ich den Mietvertrag für den Bungalow gekündigt und habe mir die Wohnung in Los Feliz gesucht. In dem Bezirk, dem die Endung fehlt, werde ich immer denken.

Jörg Steiner wohnte für drei Monate in Santa Monica.

Sie sieht zu mir herüber.

»Jörg Steiner«, sage ich und halte das Buch hoch.

Sie lächelt.

»Du erinnerst dich?«

Sie nickt.

»Du hast ihn auch kennengelernt.«

Sie lächelt.

»Der Professor hatte zu mir gesagt, ›Sie holen ihn vom Flughafen ab. Sie erkennen ihn vom Bild auf der Klappe aus einem seiner Bücher. Sie müssen auf ihn zugehen, sobald Sie ihn sehen, sagen, wer Sie sind und dass Sie ihn abholen in meinem Auftrag und der USC, und ihn zu seinem Hotel fahren‹«, sage ich.

Ich fuhr zum Flughafen. Ich wartete in der Vorhalle. Als ich den Mann sah, den ich von dem Bild auf der Klappe aus einem seiner Bücher erkannte, ging ich auf ihn zu. Ich stellte mich ihm vor, und wir traten aus dem Flughafengebäude.

»Soll ich dir etwas vorlesen?«

Sie nickt.

Mit einer knappen Bewegung reichte sie mir die Hand, sagte ihren Namen: Mirjam.

»Mir-jam«, sagt sie. »Meeresstern. Geliebte.«

Ich blicke auf. Sie sieht aus, als schliefe sie.

Ich lese weiter: *Sie stellte sich vor als Assistentin des Gastgebers, Professor Renato Sieberg.*

Ich glaube, als wir vor dem Flughafengebäude standen, wollte er eine Zigarette rauchen. Ich glaube, wir blieben stehen, und er rauchte eine Zigarette. Als er geraucht hatte, gingen wir zu meinem Wagen. Ich fuhr zu seinem Hotel. Gesprächig war ich nicht. Smalltalk beherrsche ich nicht. Schon gar nicht mit einem Schriftsteller.

Ich dachte, was kann ich erzählen, das Jörg Steiner interessieren könnte.

»Der Professor möchte heute Abend noch mit Ihnen im Huntley Hotel essen gehen«, sagte ich wenigstens. »Er wird Sie vom Hotel abholen.«

Er würde mich später am Abend in dem Hotel, zu dem sie mich jetzt brachte, abholen und vermutlich bei Sonnenuntergang zum Essen im zwölften Stockwerk eines Restaurants an der Ocean Avenue einladen.

Er fragte mich nach mir.

»Ich? Ich studiere.«

Nur beiläufig erklärte sie, dass sie an der Universität ihr Abschlussexamen mache.

»Und ich arbeite am Max Kade Institut.

Die Arbeit für den Professor gehört dazu.

Ich werde Sie während der Zeit Ihres Aufenthaltes in Los Angeles betreuen, Sie zu Ihren Veranstaltungen begleiten.«

Sie freue sich auf die Lesungen, auf die Gespräche mit den Teilnehmern, auf das Seminar mit mir, dem Swiss Writer-in-Residence.

Er fragte, was ich studiere.

»Germanistik. In Amerika. Komisch, finden Sie nicht?«

An der University of Southern California, sagte sie, würden immer noch einige europäische Sprachen gelehrt, es würden Sänger und Theologen ausgebildet, aber auch Regisseure und Schauspieler.

Er fragte wenig. Er sagte wenig. Seine Wortsparsamkeit war mir angenehm.

Sie war eine gute Fahrerin. Ihre konzentrierte Ruhe tat mir wohl.

Ich habe den Schriftsteller in seinem Hotel abgesetzt. Ich

erinnere mich, dass ich mit zu dem Essen gegangen bin. Der Professor hatte mich gebeten.

Fahrt mit dem Fahrstuhl in den obersten Stock. Ich erinnere mich an weiße Tischdecken, an gepolsterte Stühle. Hellblau?

Der Professor und der Schriftsteller tranken Wein. Ich erinnere mich, dass es Weißwein gewesen ist. Ich erinnere mich nicht, ob auch ich Wein getrunken habe. Ich erinnere mich, dass ich, wenn ich nur wenig oder keinen Wein getrunken habe, gerne Wein oder mehr Wein getrunken hätte. Vor allem, weil das Gespräch schleppend war. Sicherlich, weil der Schriftsteller müde war. Sicherlich, weil der Professor am meisten sprach, vor allem von Lang und Wilder und Domingo und Katzenellenbogen und dass er sie alle kenne. Er kannte immer alle.

Ich wusste, dass er einmal auch ein Buch über die Emigranten nach 1933 geschrieben hatte, und es schien mir so, als sei er bis heute stolz darauf, alle Leute zu kennen, die auf irgendeine Weise prominent waren. Der Glanz der Macht zog ihn unwiderstehlich an.

Mir war das schon immer unangenehm gewesen. Jetzt war es mir noch unangenehmer. Ich versuchte den Blick über das Meer. Der Blick hätte bemerkenswert sein können, wäre es nicht schon dunkel gewesen.

Nach dem Essen spazierten der Professor und sein Schriftsteller zum Hotel. Ich fuhr nach Hause.

Die Seminare mit Jörg Steiner fanden einmal in der Woche im Kade Institut statt. Ich holte ihn nicht immer vom Hotel Cal Mar ab.

Manchmal kam er zusammen mit dem Professor.

Wenn der Professor ihn abholte, war ich schon im Institut und bereitete vor: Cracker mit Käse auf Platten, Kekse auf

Tellern. Immer gab es auch Kaffee und Softdrinks. Die Seminare im Kade Institut, um den langen, rechteckigen Tisch, hatten etwas Vertrautes, Vertrauliches auch.

[…] und wir saßen oft lange zusammen und sprachen über die Figuren der Seltsamkeit bei Jürg Laederach, über meinen Freund Peter Bichsel oder über die Marionetten bei Heinrich von Kleist und Max Frisch.

Einmal fand ein Kurs an der Universität in Long Beach statt. Ich holte den Schriftsteller von seinem Hotel ab. Von Santa Monica bis nach Long Beach ist es ein langer Weg. Wir fuhren über den Freeway. Ich erinnere mich, dass wir wenig sprachen.

Ich dachte an den Text, den ich geschrieben hatte, den ich heute vorlesen sollte. Das war die Aufgabe, die uns von ihm gestellt worden war: Einen eigenen Text schreiben. Zuvor hatten wir über Robert Walser gesprochen und über den Schnee.

An was er dachte, kann ich nicht wissen.

Ich dachte, wenn ich lesen muss, werde ich sterben.

Ich erinnere mich, dass es ein regnerischer Tag war.

Einmal aber führte das Thema, wie man schreibend eine Minute lang die Zeit anhalten könne, zu einer wunderbaren Überraschung. Mirjam las ihren Text vor: »Der Sechzehnsekundenregen«.

»Mir-jam«, sagt sie. »Die Widerspenstige.«

Sie hat zugehört. Sie hat nicht geschlafen.

Auf die Reise in die Wüste, zu der Renato Sieberg uns eingeladen hatte, kam sie nicht mit.

»Das stimmt«, sage ich.

Elf

Es ist noch Zeit, als ich vor die Tür trete. Unsicher, was ich jetzt machen soll, frage ich mich, ob das Haus, von dem ich ihr nicht vorgelesen habe, noch steht.

Das Haus auf der anderen Seite der Fahrbahn: Nichts Besonderes war zu sehen; nur das Gefühl, hier schon einmal gewesen zu sein, vor diesen geschlossenen Fensterläden hinter der Eibenecke, irritierte mich; es war ein Bild der Erinnerung.

Das Haus gegenüber vom Institut, braun, viktorianisch, verlebt. Es wunderte mich nicht, dass der Schriftsteller danach fragte, als wir auf den braunroten Stufen vor dem Eingang zum Institut standen, und er vor seiner ersten Lesung noch eine Zigarette rauchte.

Ein paar Monate zuvor war die Leiche einer Frau in dem Haus gefunden worden, weiß, jung und namenlos, hatte ich dem Schriftsteller gesagt. Vielleicht sagte ich auch, der Fund der Toten in dem Haus erinnerte an den Fund der Toten in einem Buch.

Ich werde zu dem Haus fahren oder zum Institut gegenüber. Es passt zur Lektüre aus dem Buch des Schriftstellers aus der Schweiz. Es passt zu diesem Tag. Es passt zur ihr, zu uns.

Es war einer unserer Orte in dieser Stadt.

Es regnet nicht. Der Himmel ist trotzdem grau. Das Grau des Himmels entzieht allem alle Farben.

Los Angeles ohne Sonne ist Los Angeles ohne Seele. Ein

Filmstar ohne Rampenlicht. Unscheinbar und klein. Ungeschminkt.

Ohne Sonne will die Stadt nicht angesehen werden. Und in der Nacht?

Sie hatte gesagt: »Die Lichter sind der Zauberer von Los Angeles. Leuchtreklamen sind Abendrobe und Make-up der Stadt. Im Nachtlicht verschwinden die Falten.«

Ich liebe es, die Stadt ohne Sonne anzusehen. Los Angeles ohne Sonne anzusehen bedeutet, Los Angeles zu sehen. Nach diesen wenigen Tagen kenne ich die Wege schon wieder. Vermont Avenue in Richtung Süden, endlos.

Es ist, als führe man bergab, vom Hügel ins Tal. Von oben nach unten, von reich nach arm, von weiß nach schwarz.

Immer weniger Palmen säumen die Straßen. Obwohl Bäume stehen, belaubte, wirken die Straßen baumlos. Eine Ödnis aus Flachbauten, gefangen zwischen alt und neu, Marias Mariscos, neben einer Tankstelle, Pepes Sports neben Caveman's Kitchen, Vanessas Shoes neben L.A. Baratita 3 Star discount store, eine Bakery neben einer Werkstatt für Transmissions, ein Waschsalon neben einem Billighotel. Am Mauerwerk Gang Graffiti, Brachen.

Es ist keine wohnliche Gegend. Gitter an Fenstern, wo keine Gärtner die Rasen vor Häusern pflegen, weil es keine Gärten vor Häusern gibt.

Einen Kirschbaum habe ich nie entdecken können.

Ich merke mir auf der Fahrt an, dass ich es mir nicht mehr anmerke, dass ich zehn Jahre nicht hier gewesen bin.

Alles, was ich sehe, sehe ich wieder und habe ich schon gesehen.

Alles, was ich höre, höre ich wieder und habe ich schon gehört.

Das, was ich weiß, habe ich auch erlebt.

Oszillation.

Ich gehöre her, wenn auch nicht mehr dazu. Ich gehöre dazu, wenn auch nicht mehr her. Und egal, wo ich bin, es gehört zu mir.

Mein Handy klingelt. Ich nehme den Anruf an, obwohl ich fahre.

Sean.

»Wie geht es dir?«, sage ich.

»Wie geht es ihr?«, fragt Sean.

»Was soll ich dir erzählen«, sage ich.

»Erzähl's mir lieber nicht«, sagt Sean.

»Erzähle ich dir etwas anderes«, sage ich.

»Okay«, sagt Sean.

»In South Los Angeles, in einer der ältesten Gegenden von Los Angeles, in der die spektakulärsten Häuser viktorianischen Stils stehen, wurde vor Jahren in einer Villa eine junge Frau gefunden, tot, schön und namenlos. Manchmal fuhr ich in diese Gegend, weil ich mir die Häuser ansehen wollte.«

»Fährst du jetzt dorthin?«

»Ich fahre dorthin.«

»Ich erzähle dir etwas anderes«, sagt Sean.

»Okay«, sage ich.

»Einmal kam eine Frau in mein Café. Weiß, schön. Eine Schauspielerin. Schon älter, vielleicht Ende vierzig. Ich war vielleicht Mitte zwanzig. Ich wollte das Café gerade schließen. Ich wartete auf einen Freund, der mich abholen sollte. Mein Wagen war in der Reparatur.

Ich sagte, meine Dame, wir schließen.

Sie fragte, woher ich käme.

Ich sagte ihr, woher ich käme.

Sie sagte, sie liebe meinen Akzent.

Ich sagte, ich warte auf einen Freund, mein Wagen sei in der Reparatur.

Sie fragte, ob sie mich ein Stück mitnehmen könne.

Ich sagte, gut, warum nicht. Ich kam mir vor wie ein Gigolo, als ich in ihren Wagen stieg. Offener Mercedes. Silbern. Zweitürer. Ich sagte ihr, fahren Sie in Richtung Osten, immer geradeaus auf dem Hollywood Boulevard. Mann's Chinese, die Sterne.

Sie redete viel. Von ihren Filmen. Ihren Rollen. Vielleicht hatte sie auch einen Stern auf dem Hollywood Boulevard. Je weiter wir in Richtung Osten fuhren, desto wortkarger wurde sie. Irgendwann schwieg sie. Dann hielt sie an.

Sie sagte, so weit nach Osten wäre sie noch nie gefahren. Sie komme aus Beverly Hills. Es gäbe eine Grenze.«

»Unsichtbar«, sage ich.

»Unüberwindbar meistens trotzdem«, sagt Sean.

Ich sage, »South L.A. war einmal das Herz der schwarzen Community im Süden Kaliforniens. Hier gab es die erste Jazzszene im Westen Amerikas«.

»Das wusste ich«, sagt Sean.

»Hier gab es das Dunbar Hotel.«

Sean sagt, »Das wusste ich nicht«.

»Der pride in Zeiten von prejudice, erbaut von schwarzen Handwerkern. Eröffnet neunzehnhundertachtundzwanzig, glaube ich. Treffpunkt der Jazzszene. Count Basie, Cab Calloway, Duke Ellington, Billie Holliday, Lena Horne«, sage ich.

»Könnten die Wände doch singen«, sagt Sean.

Ich sage, »Oder die der Häuser, die Schwarze kaufen durften. In einem Areal, das nicht viel größer war als der Bezirk, in dem ich wohne in Berlin«.

»Ich weiß noch etwas«, sagt Sean. »Wirtschaftskrise. Zweiter Weltkrieg. Überbevölkerung, Wohnungsmangel. Wurde Pueblo Del Rio gebaut, nur ein bisschen weiter südlich noch – Billighäuser für Geringverdiener. Ghetto. Kriminalität, Gangs. Bloods, Crips, E/S Oriental Boyz und Florencia 13.«

»Namen wie von Bands«, sage ich.

»Kenn ich nicht«, sagt Sean.

»Mit dem Bau der ersten Freeways änderte sich die Geographie. Die Grenzen verschwanden nicht«, sage ich. »Die Freeways endeten westlich von South L.A., oder vom Norden kommend, nördlich davon.«

»Wohlweislich«, sagt Sean.

»Aus Vororten wurden Schwarze ferngehalten«, sage ich. »Oder Vororte wurden zu schwarzen Vororten gemacht.«

»Es gab mehrere Möglichkeiten«, sagt Sean. »Wie immer. Die Weißen zogen weg aus Gegenden, die an Gegenden grenzten, in denen Schwarze wohnten.«

»White flight«, sage ich.

»Blockbusting«, sagt Sean. »Immobilienhai kauft ein Haus dort, wo nur Weiße wohnen. Vermietet es an eine schwarze Familie. Die Weißen bekommen es mit der Angst zu tun. Verkaufen ihre Häuser. Fliehen. Immobilienhai freut sich. Verkauft an Schwarze zu horrenden Preisen.«

»Ghettoisierung mit hoher Dividende«, sage ich.

Sean sagt, »In den Schwarzenvierteln liegt die Lebenserwartung von Männern bei siebenundsechzig. Wie in Westafrika.«

»Das wusste ich nicht«, sage ich.

Sean sagt, »Mit South Los Angeles ging es stetig bergab.«

»Dieses Gefühl habe ich, wenn ich fahre.«

»Colors. Gesehen?«, sagt Sean.

»Ich sehe Rodney King, den vier weiße Polizisten fast totschlagen, weil er zu schnell gefahren ist.«

Sean sagt, »Der Mann, der das filmte an seinem Feierabend, hieß George Holliday«.

»Einer der Polizisten hieß Koon. Kurz für Racoon. Waschbär. Ein Schimpfwort für Schwarze«, sage ich.

»Ein Polizist nur wurde schuldig gesprochen«, sagt Sean.

»Die anderen frei. Die Jury war weiß«, sage ich.

Sean sagt, »Drei Tage wurde geplündert von denen, die nichts hatten. Geschossen von denen, die hatten. Und die Leute saßen am Fernseher. Reality Show, vielleicht die erste.«

»Die Armee rückte ein«, sage ich.

»Ausgangssperre«, sagt Sean.

»Die Stadt voller Trümmer und Toter«, sage ich.

»Die Trümmer sah man noch ewig«, sagt Sean.

»Besonders hier«, sage ich.

»Was machst du da?«, fragt Sean.

»Ich fahre in die Vergangenheit.«

»Sehen wir uns danach«, fragt Sean.

Ich sage, »Ich weiß noch nicht, wie lange es dauert«.

»Ich habe Zeit«, sagt Sean.

»Du hast Geduld«, sage ich.

»Ich bin Perser«, sagt Sean.

»Ich rufe dich an«, sage ich.

Ich parke den Wagen auf dem Parkplatz neben dem Institut und steige aus. Gitter an den Fenstern. Die Fassade schmutzig gelb. Die Eingangstür braunrot, wie das Gitter davor. Die Stufen in derselben Farbe. Keine Veränderung.

Von neunzehnhundertsechsundneunzig an parkte ich meinen Wagen beinahe täglich hier und lief zum Campus, unterrichtete, besuchte drei oder vier Seminare.

Nachmittags arbeitete ich im Institut. Meistens war ich allein dort. Ein zweites Zuhause fast, zumindest ein Gefühl davon, in diesem Haus mit Küche, dem großem Zimmer, dem, in dem der lange rechteckige Tisch in der Mitte stand, an dem wir saßen, wenn der Professor sein Seminar gab. Bücher an den Wänden. Ein Sofa, ein Flügel, an dem auch gespielt wurde. Das Bürozimmer und die Bibliothek hinter dem Bürozimmer. Die Ruhe, der Geruch von alten Büchern in den Regalen. Ich liebte das.

Und das Haus gegenüber, *ein Bild der Erinnerung,* hinter der Eibenhecke, braun, viktorianisch, verlebt. Es steht da wie im Stich gelassen. Schwer zu sagen, ob jetzt jemand darin lebt. Ich sehe Vorhänge, die mir zu verstehen geben, das Haus sei von denen, die darin lebten, so verlassen worden, wie sie darin lebten.

Das Haus steht da, als warte es auf eine Rückkehr, als habe es schon immer gewartet.

Auch neunzehnhundertsechsundneunzig, als sich der Schriftsteller aus der Schweiz danach erkundigte.

Als ich im Januar neunzehnhundertsechsundneunzig aus Deutschland zurückkam, hatte ich eine Wohnung gesucht und den Bungalow in Highland Park im Sunrise Court gefunden.

Ich dachte an Alleinsein. Unabhängigkeit. Selbständigkeit. Es begann anders, als bei der ersten Ankunft. Ich hatte eine Aufgabe. Ein festes Engagement.

Ich kam nicht mehr nur als Immigrantin, ich war nicht mehr nur auf der Flucht, obwohl ich auch jetzt geflüchtet war. Es hatte sich etwas geändert.

Ich war sicherer, mir meiner selbst sicherer. Ich kannte

mich jetzt aus. Ich kam jetzt und kannte sie und Sean und Paul und die anderen. Ich kam zurück, nicht erstmals an.

Das Leben in Amerika hatte von vornherein eine gewisse Ordnung. Ich wusste, in welche Richtung ich gehen würde, oder fahren. Täglich. Mindestens vier Jahre lang. In Richtung Downtown. Zur Universität. Zur USC.

Die Universität hat eine Geschichte. Auch das gibt es in Los Angeles. In den siebziger Jahren des neunzehnten Jahrhunderts hatte Richter Robert Maclay Widney einen Traum. Drei Männer in der wilden Stadt spendeten Geld und Land: einer war der protestantische Gartenbaukünstler Ozro W. Childs, einer der ehemalige Governeur John G. Downey, ein irisch-katholischer Pharmazeut und Geschäftsmann, und einer Isaias W. Hellman, ein deutsch-jüdischer Bankier und Philanthrop.

Zehn Jahre später fing die Universität an, mit dreiundfünfzig Studenten und zehn Lehrern. Zweihundert Jahre später waren es dreitausendzweihundert Fakultätsmitglieder und über dreiunddreißigtausend Studenten. Eine davon war ich. Das hätte ich mir nie träumen lassen.

Drei, vier Tage nach meiner Rückkehr aus Deutschland hatte ich einen Termin. 3501 Trousdale Parkway, Taper Hall of Humanities. Vierter Stock.

Das German Department ist nicht groß. Fünf Zimmer für je einen der Professoren, ein Zimmer für die Lehrerassistenten, das Büro der Sekretärin. Ein Vorraum.

Ich wurde begrüßt von der Sekretärin, nachdem ich die Sekretärin begrüßt hatte. Ich wurde von einem Professor hereingebeten, nachdem die Sekretärin ihn angerufen und gesagt hatte, ich sei da.

»Da sind Sie. Herzlich willkommen. Willkommen im German Department. Wir freuen uns sehr. Setzen Sie sich.«

Ich setzte mich.

»Sie sind gut angekommen?«

»Ja. Vor ein paar Tagen.«

»Sie werden auch am Kade Institut arbeiten?«

»Ja. Wieder. Ab nächster Woche.«

»Sie haben sich schon in Kurse eingetragen?«

»Ja, in drei.«

»Und Sie werden unterrichten.«

»Ja, das werde ich wohl.«

»Das ist wunderbar. Hier ist ein Unterrichtsbuch, am Montag fangen Sie an.«

»Heute ist Freitag«, sagte ich.

»Na, dann wünsche ich Ihnen noch ein schönes Wochenende.«

Ich glaube, ich klärte noch das eine oder andere mit der Sekretärin, vielleicht brachte ich die Kopie meiner Greencard zu Academic Resources oder Payroll. Ich bin bestimmt auf dem Campus herumgelaufen, habe mir alles angesehen. Den Genuss genossen, hier zu sein, hier studieren zu dürfen. Auf immergrünem Rasen zu sitzen in einer langen Pause zwischen den Kursen, auf den weiten von Bäumen und Blumen gesäumten Wegen zu gehen, die Straßennamen tragen, Child Way, Mc Clintock Avenue, die Gebäude zu betrachten mit den Namen, die genau das waren, was sie versprachen, Annenberg Auditorium, George Lucas Building, Kennedy Family Aquatics Building.

Die Plätze und Parks, Queens Courtyard, Archimedes Plaza. University of Southern California. Eine Stadt in der Stadt.

Ich hatte ein Stipendium bekommen. Unterrichten als Gegenleistung.

»Ich habe doch keine Ahnung«, sagte ich am Telefon, als ich sie anrief. »Die haben mir das Buch auf den Tisch gelegt und gesagt, ich soll am Montag anfangen.«

»Heute ist Freitag«, sagte sie.

»Das habe ich auch gesagt«, sagte ich.

Sie sagte, »Wir fahren Sylvia besuchen«.

»Wer ist Sylvia?«

»Die macht ihren Doktor da, die unterrichtet. Die hättest du sowieso kennengelernt.«

Ich sagte, »Okay, wann?«

»Nachher.«

Nachher fuhren wir zusammen zu Sylvia. Ich erinnere mich an eine kleine Wohnung. Sylvia. Weiße Bluse. Hose dunkel. Haare kurz. Wortkarg, der Mensch.

»Sieh, hier am Rand die blauen Anweisungen. Lies sie dir durch. Die sind für die Lehrer«, sagte Sylvia.

»Ich habe noch nie vor einer Klasse gestanden«, sagte ich.

»Du kommst also aus dem Osten?«, sagte Sylvia.

»Ist erst seit ein paar Tagen wieder hier und soll am Montag anfangen«, sagte sie.

»Ich habe keine Ahnung«, sagte ich.

»Typisch«, sagte Sylvia.

»Hilf ihr. Du machst das doch schon eine Weile«, sagte sie.

»Ich schreibe meine Dissertation«, sagte Sylvia.

»Dokterst schon ewig daran herum«, sagte sie.

»Sozialisierungsprozess durch amerikanische Fernsehserien am Beispiel X Files«, sagte Sylvia.

»Kenn ich nicht«, sagte ich.

»Wie auch. Hier geht es um das Misstrauen der Öffentlichkeit gegenüber Regierungen. Um Verschwörungstheorien und Spiritualität und die Bemühungen, die Existenz außerirdischen Lebens nachzuweisen.«

»The truth is out there«, sagte sie.

»Am German Department?«, sagte ich.

»Lies einfach die blauen Anweisungen durch«, sagte Sylvia.

»Trau nur David Duchovny«, sagte sie.

»Halt die Klappe«, sagte Sylvia.

»Wem?«, sagte ich.

»Wer, heißt das«, sagte Sylvia.

»Grammatikstunde, ja?«, sagte sie.

»Konversation«, sagte Sylvia.

»Wann?«, sagte ich.

»Am Montag«, sagte Sylvia.

Als mir Sylvia am Montag im German Department entgegenkam, burschikos, weißes Hemd, schwarze Krawatte, Hose dunkel, erwiderte sie mein Guten Morgen nicht.

Sie zog bald mit Sylvia zusammen in ein Haus.

Ich habe nicht verstanden, warum.

In dem Haus sagte Sylvia, »Wir bekommen Besuch aus Spanien. Ich kenne ihn schon eine Weile. Sein Name ist Darri. Ich werde ihn heiraten«.

In dem Haus sagte sie, »Du bist doch schon mit deinem Hund verheiratet«.

Vor dem Haus haben Darri und ich Marlboro light geraucht.

In dem Haus sagte Sylvia, »Was willst'n von der? Die ist aus dem Osten«.

In dem Haus sagte Darri, »Noch ein Grund mehr, sie kennenzulernen.«

Zwölf

Neunzehnhundertsiebenundneunzig legte ich die Magisterprüfung ab. Nach der Prüfung ging es weiter wie zuvor. Unterrichten, Seminare besuchen, drei oder vier, Arbeiten im Institut.

Nur, dass jetzt unser erster Sohn geboren war. Ich nahm ihn mit, wenn Darri in Melilla war. Auf dem grünen Sofa im Institut hat unser Sohn geschlafen, wenn ich arbeiten musste. Die Sekretärin im German Department hat ihn im Arm gehalten, wenn ich unterrichten musste. In meinem Arm hielt ich ihn in den Seminaren.

Kind, Uni, Arbeit.

Hamsterrad, eineinhalb Jahre lang. Aber nicht nur.

Zum Beispiel über den Freeway jagen, vorbei an Wolkenkratzern, deren Fenster in der Sonne glitzerten wie das Meer. Nach Marina del Rey. In See stechen auf einem Segelschiff. Keine Jolle. Ein Schiff. Ahoi. Den Wind um die Ohren streichen lassen. Seemannslieder singen und Seemannsgarn spinnen. Es war einen Tag lang unsere Entdeckung der Langsamkeit auf dem Stillen Ozean.

Ich laufe auf der Hoover Street in Richtung Campus und nähere mich dem Shrine Auditorium. Oscar Zeremonien. Jahr für Jahr. Straßensperrungen schon am frühen Nachmittag. Hubschrauber wie Hummeln am Himmel. Bedrohlich zum Schutz für die rich und famous. Limousinen, roter Teppich. Absperrungen auch am Rande vom Campus, hinter denen sich die Schaulustigen sammelten. Blicke ergattern auf oder von.

Glitzer und Glamour in dieser trostlosen Gegend. Gegenüber vom Auditorium der Supermarkt, in dem überwiegend Schwarze an Kassen stehen und mit Welfare Schecks bezahlen.

Einmal war ich im Shrine Auditorium. Meine Schwester war gekommen, weil Darri nach Spanien gefahren war, weil ich Seminare besuchte, unterrichtete und im Institut arbeitete, weil sie mir half mit dem Kind.

Sie kaufte ein, sie kochte, sie machte Spaziergänge, sie holte mich von der Uni ab. Setzte sich ins Auto, Kind in den Kindersitz, und fuhr los. Kreuz und quer durch die Stadt. Und sie hörte Radio.

»Hör zu, weißt du, wer heute im Shrine Auditorium spielt? Tom Waits.«

»Nee.«

»Doch.«

Wir fragten sie, ob sie das Kind nähme. Sie sagte, »Ich komme mit«.

Fragten wir die andere. Die andere hat gesagt, na gut.

Auf dem Weg sagte sie, »Erzähl vorher die Geschichte noch einmal«.

Ich sagte, »Ach nein«.

»Hollywood and Vine«, sagte sie.

Ich sagte, »Wenn's sein muss«.

Meine Schwester sagte, »Na los schon«.

»Ich liebte seine Musik schon vor Amerika. Seine Musik, das, worüber er sang, war für mich Amerika, schon vor Amerika. Gerne hätte ich ihm gesagt, ich ging auch in sein Amerika.

An einem Abend waren wir in einem Club. Es gab keinen

Grund. Es gab nur Musik. Ich stand an einem Tisch. Ich drehte mich zur Tür.

Da stand er. Hut. Weißes Hemd, dunkle Hose. Hände in den Hosentaschen. Den Kopf geneigt.«

»Du hast gesagt, ›Da ist Tom Waits‹«, sagte sie.

»Du hast gesagt, ›No way‹. Ich sagte, ›Wollen wir wetten?‹ ›Fünf Dollar‹, hast du gesagt. Ich habe gesagt, ›die Wette gilt‹.

I never talk to strangers, habe ich gedacht, als ich auf ihn zuging. Als ich vor ihm stand, habe ich gesagt, ›Entschuldigen Sie, darf ich Sie etwas fragen?‹

›Ja‹, kam die Stimme, Whisky und Zigarettenqualm.

›Sind Sie Tom Waits?‹

Die Frage hätte ich mir sparen können, nachdem ich das Ja gehört hatte.

›I am‹, sagte Tom Waits.

Ich sagte, ›Dürfte ich Ihre Telefonnummer haben?‹

Er schüttelte den Kopf, lächelte. ›I am married, you know‹.

Ich sagte, ›So habe ich es nicht gemeint‹.«

»I love it«, sagte sie, und lachte. Glockenhell.

»Oh, Mann«, sagte meine Schwester.

Ich sagte, »Ich war zweiundzwanzig«.

Sie und ich und meine Schwester hatten Karten fürs Shrine Auditorium, für Tom Waits, für ein Benefizkonzert für Familien von Mordopfern, veranstaltet von Organisationen gegen die Todesstrafe. Musik für die Aussöhnung.

Waits als Special Guest. Einer von mehreren.

Für uns war es Waits.

Als er auf die Bühne trat, dunkellila Anzug, graues Hemd, orangefarbene Krawatte, nahmen wir uns an den Händen, hingen an seinen Lippen: »It's good to be back in the Los Angle-less area, where everybody's got an angle!«

»Sag ich doch«, rief sie uns zu.

Dann spielte er, drei, vier, fünf Songs, ich weiß es nicht mehr. Nach jedem Song hofften wir, dass es nicht der letzte sein würde.

Goin' Out West.

Ich dachte, that's right.

Jesus Gonna Be Here.

Sie sagte, »That's right«.

Es gab sogar eine Zugabe: *Yesterday Is Here.*

Damals wie jetzt, denke ich.

Anfang April neunzehnhundertneunundneunzig legte ich die letzte schriftliche Prüfung für den Ph.D. ab. Anfang April wusste ich, dass ich zurückgehen würde nach Deutschland. Mit Darri und unserem Sohn. Ich wusste, dass ich es jetzt konnte.

Ich hatte erreicht, was ich erreichen wollte.

Mich hatte erreicht, von dem ich erhofft hatte, dass es mich erreichen würde. Peace of mind.

Das Gefühl des Exils, von dem ich mir immer wieder sagte, ich hätte kein Recht darauf, wenn auch einen Grund, hatte ich nach den Jahren in Amerika überwunden.

Die Antwort, ob ich ein Recht darauf hatte, blieb ich mir schuldig.

Mit meinem Hiersein, jetzt, bei ihr, könnte ich mir die Antwort geben.

»There is more than meets the eye«, hat sie gesagt. Sie hat fast immer recht behalten.

Deutschland. Ich wusste, es würde ein Sprung ins kalte Wasser sein. Wieder einmal. So what. Abenteuerlich. Noch einmal. So what.

Es war kein leichter Abschied. Schon gar nicht von ihr.

Und, es stand etwas auf dem Spiel. Das Leben, nein, besser die Richtung, die es nehmen würde.

Amerika, Los Angeles, bedeutete neunzehnhundertneunundneunzig Sicherheit. Ich hatte ein Gehalt. Ich hätte weiter unterrichten können, so lange, bis ich die Dissertation geschrieben hatte. Nicht das Schlechteste in Amerika. Wie ich gerungen habe, diese Sicherheit aufzugeben, die ich errungen hatte.

Noch beim Einpacken der Bücher. Kistenweise.

Zehn Jahre zuvor war ich mit einem Koffer gekommen, dieses Mal reiste ich mit dreißig Kisten ab. Hatte ein Leben gelebt, war heimisch geworden. Beim Verkauf des x-ten Möbelstücks noch ein Zweifel.

Dann: die Flugtickets waren verloren in der Post.

Ich hatte das Gefühl, Amerika lässt nicht los.

Es war ein langer Abschied.

Aber es war, und das ist wahr, keine Flucht wie schon einmal.

Die Doktorarbeit habe ich nicht mehr geschrieben. Trotzdem habe ich recherchiert. Führte Gespräche.

Erinnerung an Annelise.

Es war ein Freitag. Es war in der Nähe von Fairfax. Es war in ihrem Haus.

Annelise war sechsundachtzig. Annelise sprach deutsch. Annelise, geborene Münden, aus Hamburg, erzählte:

»Ich war sechsunddreißig, als ich damals mit meinem Noch-nicht-Ehemann ausgewandert bin. Wir sind im Januar neunzehnhundertneununddreißig in New York angekommen. Wir waren sechs Monate dort. Jeden Abend sind wir ins Kino gegangen. Ich habe zu meinem Mann gesagt, ich verstehe gar nicht, was die reden. Mein Mann sagte, das Ohr gewöhnt sich dran. Mit einem Mal verstehst du.«

Ich sagte, »Ich bin im September neunzehnhundertsiebenundachtzig in New York angekommen. Ich war einen Monat dort. Ich habe jeden Abend vor dem Fernseher gesessen. Und mit einem Mal habe ich verstanden«.

»Mein Mann hatte einen Bruder. Der sagte, kommt nach Kalifornien. Das Wetter ist wärmer, die Frauen kriegen leichter einen Job. Also, auf nach Kalifornien. Wir sind mit dem Bus gefahren. Das war billiger als mit der Eisenbahn. Wir haben in Chicago Station gemacht. Dort lebten Freunde von meinem Mann. Wir blieben zwei Tage, glaube ich. Ich habe den ersten Überfall miterlebt, so etwas kannte man in Deutschland nicht.«

»Nicht?«

»Mein Mann und ich standen an der Lobby in dem Hotel, in dem wir wohnten. Auf einmal Schritte und Geschrei. Hände hoch und keinem passiert was. Ich habe meinen Schmuck hergegeben. Mein Mann seine Brieftasche. Danach sind wir weitergefahren. Es war eine sehr schöne Fahrt an sich. Es hat eine Woche gedauert, oder sogar länger.«

Ich sagte, »Ich hatte einen Bekannten. Der sagte, komm nach Kalifornien. Hier ist es wärmer. Ich sagte, ich denke darüber nach. Nach dem Einbruch in der Nachbarwohnung, sechs Türschlösser aufgehebelt, alles gestohlen, am helllichten Tag, habe ich einen Flug gebucht.«

»In Los Angeles waren schon viele Deutsche«, sagte Anneliese.

Ich sagte, »Bis neunzehnhundertneununddreißig waren um die zweitausendfünfhundert deutsche Juden nach Los Angeles gekommen. Bis zum Kriegseintritt von Amerika waren es sechstausend. Klingt viel. Ist es aber nicht«.

»Es gab auch viele Polen«, sagte Annelise. »Die Polen mochten aber nicht die Deutschen und nicht die Österreicher.«

»Obwohl sie das gleiche Schicksal hatten«, sagte ich.

»Das ist nun einmal so. Das ist eine menschliche Eigenschaft. Das ist immer noch so. Menschen sind so. Haben dasselbe Schicksal und hauen sich trotzdem tot.«

»Wie ging es weiter?«

»Zuerst wohnten wir in Downtown. Ein Zimmer, Küche, Bad. Es gab eine Beratungsstelle für Neuankömmlinge. Mein Mann wurde nach einer Weile Beratungsleiter. Viele kamen und suchten Arbeit. Er hat sie interviewt, fragte sie, was sie beruflich leisten können.

Amerikanische Firmen riefen an und sagten, wir brauchen einen Mann, der dies macht, eine Frau, die jenes macht, jemand, der sich um Kinder kümmert. Viel war Hausarbeit.«

»Ihr Mann hat nicht wieder in seinem Beruf gearbeitet.«

»Er wurde Buchhalter. Für ihn war es sehr schwer.

Anfangs sind wir auch zur Schule gegangen. English for Foreigners. Es wurde einem angerechnet, wenn man citizen wurde. Wenn man nachweisen konnte, dass man zur Schule gegangen ist.

Wir haben uns nicht ausgeruht. Meines Wissens ist keiner von denen, die hierherkamen, je auf Wohlfahrt angewiesen gewesen. Alle haben gearbeitet. In Küchen, als Gärtner, egal, ob Arzt, Jurist, keiner hat eine Arbeit gescheut. Sie taten nicht das, was sie mochten, aber sie haben es getan. Keiner fiel dem Staat zur Last. Courage und der Wille zu arbeiten und sich zu akklimatisieren.«

»Aber Sie hatten auch einen Beruf«, sagte ich.

»Krankenschwester«, sagte Annelise. »Bevor ich achtunddreißig auswanderte …«

»Auswanderte?«, sagte ich.

»... habe ich bei einem Zahnarzt gearbeitet. Als Assistentin. Es hat ihm nichts ausgemacht, dass ich bei ihm arbeitete. Er hatte die Praxis kurz zuvor übernommen.«

»Übernommen?«, sagte ich.

»Ich erinnere mich, er hatte lederne Stiefel, schwarz und gewichst, die zog er aus, wenn er in die Praxis kam. Er hatte ein süßes kleines Mädchen. Manchmal holte ihn seine Frau zusammen mit dem Mädchen ab. Dann hat er es in seine schwarzen, gewichsten Stiefel gesteckt. Das sah süß aus.«

»Dreiunddreißig«, sagte ich

»In Hamburg haben wir noch nicht viel bemerkt. Ich habe mich nicht genügend damit beschäftigt. Vielleicht war ich auch zu dumm. Klar hat es Radio gegeben. Fernsehen gab es nicht. Die Informationen flossen langsamer als heutzutage. Zeitung habe ich nicht gelesen.«

»Ihr Mann war in Deutschland Richter.«

»Er wurde dreiunddreißig entlassen, wie so viele Beamte, Professoren, Wissenschaftler, Anwälte, Ärzte, ach je, weil sie jüdisch waren oder politisch unbequem oder beides.

Sie haben gesagt, Sie kommen aus der DDR. Da war es auch nicht anders«, sagte Annelise.

»Anders war es. Nur in mancher Hinsicht ähnlich«, sagte ich.

»Sie mussten weg.«

»Neunzehnhundertsiebenundsiebzig«, sagte ich.

»Niemand verlässt gern sein Land«, sagte Annelise.

»Niemand verliert gern den Platz in seiner Welt«, sagte ich.

»Für mich ist das alles unfassbar. Das kultivierte Deutschland. Vor dem zehnten November hat man schon eine Menge gewusst. Aber es gab keinen Angstfaktor. Mein Mann bekam sein Gehalt weiter.«

Ich sagte, »Das war eine Falle«.

»Es funktionierte. Wir konnten nichts transferieren, aber das Geld kam auf sein Konto.«

»Und nach der Entlassung?«

»Hat er für einen Bankier gearbeitet, der nach Holland gegangen ist. Er hat das Geschäft geleitet und später aufgelöst. In der Zeit haben wir uns kennengelernt. Er war über sechzehn Jahre älter als ich. Jetzt erzählen Sie.«

»Unser Vater hat sich nach seiner Entlassung Geld geborgt und ein Buch geschrieben. Das Buch durfte nicht erscheinen. Es war politisch missliebig. Das Manuskript wurde aus der DDR geschmuggelt. Nachdem es in der Bundesrepublik erschienen war, konnten wir nicht mehr bleiben. Unser Vater wurde neunzehnhundertsechsundsiebzig entlassen. Wir wurden ausgebürgert«, sagte ich.

»Mein Mann, wissen Sie, pflegte Friedrich Torbergs Begriff, der Name sagt Ihnen doch etwas, von den Kommunazis zu zitieren. Für ihn gab es keinen Unterschied zwischen nationalsozialistischer und national-kommunistischer Despotie.«

»So war es«, sagte ich.

»Einmal haben mich die Nazis bestellt, weil sie dachten, er geht mit einer Arierin. Ich musste nachweisen, dass ich Jüdin war.«

»Wie kamen Sie noch raus?«

»Ich hatte ein Visum. Meine Mutter hatte einen Vetter in New York. Der hat uns das affidavit gegeben, eine Bürgschaft, dass er für uns sorgen würde. Damals brauchte man alles Mögliche.«

»Sie sind also kurz ...«

»… vor Toreschluss«, sagte Annelise.

»Ihre Eltern, was war Ihr Vater von Beruf?«

»Mein Vater war Kaufmann, meine Mutter hatte keinen Beruf. Einmal bekam mein Vater von einer Schifffahrtsgesellschaft eine Fahrkarte für einen Dampfer nach Helgoland. Er wollte nicht fahren und schenkte sie mir. Herrlich, wunderschön. Neunzehnhundertachtunddreißig. Ein junger Mann freundete sich mit mir an. Er wollte mir Kriegsanlagen zeigen. Von Helgoland konnte man ja nach England rüber.

Ich bekam es mit der Angst. Ich dachte, lieber nicht. Wenn er herausgefunden hätte, dass ich Jüdin war …

Meinen Bruder haben sie am zehnten November gefasst, auf der Straße. Sie haben ihn nach Sachsenhausen verschleppt. Er konnte nachweisen, dass er Papiere zur Ausreise hatte. Gott sei Dank.«

»Ihr Bruder ging nach Bolivien. Sie nach Amerika.«

»Wenn ich bedenke, die Schwierigkeiten, die wir hatten, hier reinzukommen. In Deutschland sind wir von amerikanischen Ärzten untersucht worden. Affidavits musste man haben. Amerika hätte mehr tun können. Die hier wussten mehr als wir, was da vor sich ging.

Ja, Amerika hätte mehr tun können.«

»Ihre Eltern sind …«

»… umgekommen. Haben Sie einmal diese Listen gelesen? Ich habe sie gelesen, die von Hamburg. All diese Namen. Die Deutschen haben ja good book keeping gehabt.

Mein Vater und meine Mutter blieben in Hamburg, als wir gingen. Mein Mann hatte dafür gesorgt, dass sie Geld von seinem Konto bekamen. Wir schrieben uns Briefe. Ich habe es nicht mehr geschafft, sie herauszubekommen.

Sie sind im Juli zweiundvierzig verschickt worden.«

»Deportiert«, sagte ich.

»Zuerst nach Theresienstadt, dann angeblich nach Riga. Mehr weiß ich nicht. Von da an habe ich nur übers Rote Kreuz von ihnen gehört, aber es war ihre Handschrift. Kurze, verschlüsselte Zeilen. Wir leben, oder Tante soundso und Tante soundso ist auch noch am Leben ...

Nein, nicht am Leben, so etwas durften sie gar nicht schreiben. Es gab Bestimmungen, das Geschriebene wurde kontrolliert. Es waren Sätze wie, uns geht es so weit so gut, oder Tante soundso sieht den Himmel. Ich kann diese Briefe nicht mehr lesen. Sie können sie gerne lesen, wenn Sie wollen. Ich kann es nicht.

Ich dachte, man kommt irgendwann einmal darüber hinweg, aber man kommt nicht darüber hinweg.«

Annelise schwieg. Ich sagte nichts. Ich sah sie an. Ich sah ihr an, dass sie ihre Mutter, ihren Vater vor sich sah, die Onkel, die Tanten, die Cousins, die Cousinen in Hamburg. Die Familie Münden.

Theresienstadt, Riga, Sobibor, Auschwitz, Treblinka.

»Ihre Eltern ...«

»Man kann es ruhig sagen, wurden ermordet. Eine Freundin will mich immer trösten. Sie sagt, sie glaube nicht, dass Vater und Mutter nach Riga gekommen sind. In diese Züge. Das haben doch alte Leute gar nicht überlebt. Obwohl meine Mutter gar nicht so alt war. Vierundsechzig. Damals hat man gedacht, das sei alt. Ist es aber nicht.

Dass sie tot waren, habe ich nach dem Krieg erfahren. Indirekt haben wir es ja doch gewusst, wir haben nur keine Einzelheiten gewusst.«

Annelise schwieg wieder. Es war ein noch tieferes Schweigen. Eines, das keine Worte von mir zuließ.

Es war ein Schweigen, das ich aushalten können musste.

Es war ein Schweigen, das ich ihr schuldig war, ohne schuldig zu sein.

Es dauerte lange, bevor sie weitersprach.

»Später habe ich Geld bekommen für die Zeit, in der meine Eltern im Konzentrationslager waren. Das Geld habe ich gleich weggegeben. Das war kein Geld, mit dem ich mir etwas kaufen konnte. Nicht einmal ein Stück Brot.«

»Sie hatten nie Scheu, Deutschland wieder zu besuchen?«

»Nein, nein. Ich will nur das eine sagen. Ich und mein Mann wären nie rausgekommen, wenn wir nicht deutsche Freunde gehabt hätten, die uns geholfen hätten. Die sind ein großes Risiko eingegangen.

Wenn die Nazis gewusst hätten, dass die Juden verstecken, hätten sie das gleiche Schicksal gehabt. Nicht alle Deutschen waren Schufte.«

»Wie fühlten Sie sich hier?«

»Wir waren deutsch. Die Staatsangehörigkeit war uns genommen worden. Aber wir konnten nicht mit einem Mal alles, was wir im ganzen Leben getan haben, ad acta legen. Es gab Sehnsucht. Es wurde deutsch gesprochen. Es gab jede Menge Deutsche hier.«

»Darum gab es auch jede Menge Veranstaltungen auf Deutsch.«

»Feuchtwanger, Brecht, Mann, Lothar Frank, kennen Sie ihn, den Bruder von Bruno Frank.«

»Sie haben sie alle erlebt?«

»Fritzi Massari, Alexander Granach. Es gab deutsches Theater. Es gab Spendenaktionen. Es wurde sich gegenseitig geholfen. Aber wir hatten auch Angst. Wir waren enemy aliens.

Und es gab ein paar Kommunisten. Salonkommunisten. Wir wollten nicht, dass Amerika gegen uns als Gruppe etwas tut, nur weil sich ein paar als Kommunisten aufspielten. In der Gruppe lag der Schutz.

Heute ist das nicht mehr so notwendig. Wir helfen uns immer noch, aber heute sind alle gesettled, gut versorgt.

Und ich muss sagen, wir müssen auch Deutschland dankbar sein für die Renten, die wir beziehen. Wir bräuchten sie ja nicht. Die meisten kriegen Rente.

Ich bin schon lange keine deutsche Staatsbürgerin mehr.«

»Sie sind amerikanisiert.«

»Ich will Ihnen etwas sagen. Wenn Sie lange hier leben, umgeben sind von Amerikanern, vom amerikanischen Leben, in movies gehen, ob Sie wollen oder nicht, Sie werden …

Und Ihr Sohn, der wird bestimmt Amerikaner, auch wenn Sie ihn, hoffentlich, die deutsche Sprache weiter lehren. Das tägliche Leben amerikanisiert.«

»Annelise, Sie sagen nie das Wort Exil.«

»Jemand hat gesagt, Exil, das ist ein großes Wort. Ich bin jetzt schon lange hier zu Hause. Man kann mehrere Zuhause in einem Leben haben.«

Dreizehn

Sean und ich sitzen im Rose Café in Venice.

Das Rose. Bild, Ort, Erinnerung vom Anfang. An den Bekannten mit dem abgeschnittenen Mercedes und mich. An sie und mich.

Das Rose war auf dem Weg von mir zu ihr, oder umgekehrt. Manchmal haben wir hier gefrühstückt oder nur einen Kaffee getrunken. Einen echten. Neunzehnhundertsiebenundachtzig war der selten zu finden in Los Angeles.

Sean und ich bestellen. Lattes, Fresh Orange Juice für beide. Frittata, Italian Style open-faced Omelette mit eggplant. Roasted peppers, tomatoes and basils topped with goat cheese für Sean. Für mich Pan Cakes, whole wheat buttermilk, garniert mit strawberries, bananas, blueberries and powdered sugar.

Sean geht rauchen. Ich nicht. Ich sehe die hohen Holzdecken, den grauen Himmel auf den Fenstern in der Deckenschräge, die Weite des Raums.

Während ich warte, spreche ich in Gedanken mit ihr, wie wir nie gesprochen haben.

Ich: »Neunzehnhundertsiebenundachtzig, in dem Jahr meiner zweiten Flucht, war ich auch aus der deutschen Sprache geflohen. Wie du.«

Sie: »Ich bin nicht nur aus, ich bin vor der deutschen Sprache geflohen.«

Ich: »Du sprachst meistens lieber Englisch.«

Sie: »Ich schrieb, wenn ich schrieb, lieber auf Englisch.«

Ich: »Sogar ein Kinderbuch.«

Sie: »Das habe ich fünfmal umgeschrieben.«

Ich: »Ich habe immer gesagt, schreib doch deine Geschichten auf.«

Sie: »Die wollte ich los sein. Ein für alle Mal. Wenn ich Englisch sprach, konnte ich die Trennung hören.«

Ich: »Den neuen Lebenszusammenhang hörbar machen.«

Sie: »Unüberhörbar. Im neutralen Raum.«

Ich: »Zwischenraum.«

Sie: »Für dich.«

Ich: »Ostdeutschland und Westdeutschland. Auch sprachlich.«

Sie: »Denkt man gar nicht.«

Ich: »Hört man oft gar nicht.«

Sie: »Aber man fühlt es oft.«

Ich: »Sogar heute noch. Manchmal.«

Sie: »Ich sag dir was, noch ein Grund mehr, hier zu sein.«

Ich: »Der Zwischenraum füllte sich mit Englisch.«

Sie: »Der rettende Anker. Oder Befreiung?«

Ich: »Beweis. Am College, alle Kurse auf Englisch. Mathematik, Biologie, Geschichte, Linguistik.«

Sie: »Creative Writing.«

Ich: »Verdrängte das Deutsch.«

Sie: »Deutschland.«

Ich: »Du wolltest es verlieren. Ich überwinden.«

Sie: *»Wir waren verlorene Kinder ohne ein Haus der Heimkehr. Dann erst fängt die wahre Reise an, die Reise aus sich selbst heraus.«*

Wie soll ich dieses Gespräch beenden? Soll ich sagen: Bei dir stimmt es, du reist aus dir selbst heraus. Jetzt. Ich reise erst noch einmal in mich hinein. Das hast du schon gemacht. Wenn es jemand gemacht hat, dann du. Mit einer unglaublichen Geschwindigkeit und ohne Umweg, seit du hier bist. Seit wir uns kennen.

Die Kellnerin bringt Orangensaft und Lattes. Sean kommt an den Tisch zurück. Er riecht nach Qualm. Vielleicht hat er gleich zwei geraucht. Auf Vorrat.

Ich sage, »Das Rose ist das Rose im noch immer schönen Slum am Meer, dem rauhen Vorposten am Ozean, wenn auch weniger rauh als damals«.

Sean sagt, »Ich wohne gerne hier. Ich habe ein kleines Haus. My home«.

»Das deutsche Wort dafür vermeide ich«, sage ich.

»Sag's«, sagt Sean.

»Heimat«, sage ich. »Home. Bedeutet im Englischen Zuhause und Heimat.«

»Sie ist für alle wichtig«, sagt Sean. »Ist es das, was du suchst?«

Die Kellnerin bringt Frittata und Pancake.

»Frittata?«

»Für mich«, sagt Sean.

Die Kellnerin serviert zuerst die Pancakes. Farben. Golden, Rot, Gelb, Blau und Weiß.

»Thank you«, sagen Sean und ich.

»I'll get you your maple sirup.«

Ich sage, »Ich suche nach einer Erklärung. Hast du eine Heimat gesucht?«

Sean sagt, »Ich habe sie gefunden«.

»Ich musste sie beibringen.«

»Du musstest sie dir beibringen«, sagt Sean.

»So könnte man es auch sagen«, sage ich. »Vielleicht liegt es daran, dass ich sie als Kind verloren habe.«

»Sie wurde dir vorenthalten.«

»Gerettet und erst einmal verloren. Konnte die Menschen nicht einordnen, nicht deuten. Andere Verhaltensweisen sah ich, andere Kleidung. Tausend andere Signale – sender and receiver. Die Lebenslinguistik geriet durcheinander. Ich verirrte mich sogar in der eigenen Sprache.«

Sean sagt, »Keiner von uns ist freiwillig gegangen, aber ich habe mich zum Gehen entschieden. Das macht die Fremde nicht leichter, aber erträglicher.«

»Jemand hat geschrieben, ich habe vergessen, wer, ›Meine Herkunft liegt wie die der Perle in mir selbst. Nicht wie die der Asche, die erst das Feuer erschafft‹.«

Sean sagt, »Das Zuhause hier ist auch das Zuhause von zu Hause. Woran liegt das? Ich habe hier Leute getroffen, die ich kannte aus dem Iran, aus Teheran. Freunde. Wir sprachen eine Sprache, wir aßen ein Essen, wir hatten dieselben Bücher gelesen und dieselben Filme gesehen. Wir sind zusammen zur Schule gegangen.«

Ich sage, »Ich habe meine Freunde nicht wiedergesehen. Wir waren getrennt voneinander im eigenen Land. Ich habe versucht, neue Freunde zu finden. Gelungen ist es mir erst hier. Sie, du und ein paar andere.«

Sean sagt, »Ich habe eine Heimat dort und hier und das Dort im Hier. Ich blieb, wie ich war, und wurde noch ein anderer. Im Gegensatz habe ich mich bewahrt und bin gleichzeitig weniger gegensätzlich geworden. Das ist Amerika. Als ich in Deutschland war, ich habe es schon erzählt, war ich der Gejagte. Hier wurde ich aufgefangen.«

Ich esse die Farben. Sean isst Frittata. Es schmeckt.

»Sie hat sich zum Gehen entschieden ohne Wiederkehr, gezwungenermaßen«, sage ich.

»Ihr Grund?«, sagt Sean.

»Die Muttersprache war für sie die Sprache der Mörder, hat sie gesagt. Sie sagte, Deutschland mache ihr Angst. Das Wegschauen hat sie begleitet und verletzt.«

»Sie suchte Wahrheit«, sagt Sean. »Ich werde dir eine Geschichte erzählen. Sie ist nicht lang und sie hat kein Ende. Sie wurde mir als Kind erzählt.

Es war an einem Sommertag. Es trafen sich Lüge und Wahrheit. Sie kamen zu einem See. Wollen wir nicht schwimmen gehen, fragte die Lüge die Wahrheit. Sie legten ihre Kleider ab und gingen schwimmen. Als sie aus dem Wasser kamen, zog die Lüge die Kleider der Wahrheit an. Die Wahrheit aber zog nicht die Kleider der Lüge an. So blieb sie nackt. Seither wird die Lüge als Wahrheit gesehen.«

»Sie suchte sich«, sage ich.

»Für sich«, sagt Sean.

»Durch sich. Vom Selbsthass zur Selbstliebe. Vergeben, was man sich selbst angetan hat. Danach gab es für alles und jeden eine Erklärung, wenn auch nicht für alle eine Entschuldung.«

»Ich habe sie nicht verstanden«, sagt Sean.

»Don't judge, hat sie gesagt. Ich bin du, hat sie gesagt«, sage ich.

»Ich habe sie immer bewundert«, sagt Sean.

»Als sie wusste, was jetzt ist, rief sie mich an. Sie sagte, was hat das jetzt wieder zu bedeuten. Ach, ich weiß, ich bin noch nicht ganz fertig, hat sie gesagt. Das, was jetzt ist, ist nur ein Ausdruck dafür.«

»Ich hoffe, sie hat die Antwort gefunden«, sagt Sean.

»Einmal wollte sie sogar in ein Kloster gehen. Es gibt eins. Mitten in Los Angeles. Sie hat gesagt, komm.

Wir haben angerufen und uns angemeldet. Sind hingefahren. Selten habe ich in dieser Stadt einen schöneren Ort gesehen. Uns wurde Zutritt gewährt. Und es war so: Wir gingen hinein, und die Welt blieb draußen. Wir haben uns führen lassen. Von einer Nonne.

Sind gewandelt, jawohl gewandelt, durch den Klostergarten, die Gebäude, durften nicht alles sehen, sahen uns trotzdem satt, und die Nonne hat erzählt. Von dem bestgehüteten Geheimnis in Hollywood, tucked in folded hands, hinter Lidern und geschlossenen Korridoren.

Von Ruhe von außen und dass erst mit der Zeit die Ruhe käme von innen.

Vom Schweigen und dass erst nach dem Schweigen Worte gefunden werden.

Die Kellnerin räumt die Teller ab. Die Kellnerin fragt, ob wir noch etwas bestellen wollen.

Ich bitte sie um die Rechnung.

Sean sagt, »I pay«.

Ich sage, »Heute bist du mein Gast«.

Vor der Tür zieht Sean eine Zigarette aus der Schachtel.

»Ich werde es mir nie abgewöhnen«, sagt Sean.

Wir gehen zu meinem Wagen.

»Weißt du was«, sage ich.

Sean zieht an der Zigarette, schüttelt den Kopf.

»Ohne sie, ohne einander wäre Los Angeles für uns unmöglich gewesen«, sage ich.

»Weißt du was?«, sagt Sean.

Ich schüttele den Kopf. Schließe den Wagen auf.

»Für mich ist das Leben tausend und ich weiß nicht wie viele Nächte. Ein Märchen, das immer weitererzählt wird. Alles, was sich zeigt, kannst du benennen. Du musst nicht auf das Ende warten, das es nicht gibt.«

Sean und ich umarmen uns. Sean und ich verabschieden uns nicht.

Ich weiß nicht, ob ich ihn noch einmal sehen werde, solange ich hier bin.

Er fragt nicht, ob wir uns noch einmal sehen werden, solange ich hier bin.

Wir werden uns nicht verlieren, das wissen wir beide.

Ich steige in den Wagen. Ich starte den Motor. Ich fahre los. Vom Meer in Richtung Hügel.

Es stimmt nicht, dass das Grau des Himmels allem alle Farben entzieht. Dann nicht, wenn es regnet.

Im Regen ist das Grün grüner.

Vierzehn

War bei ihr. Gestern, wie alle Tage.

Habe an ihrem Bett gesessen. Ruhe.

Habe sie angesehen. Ruhe.

Habe in einem Buch gelesen. Ruhe.

Bin hinausgegangen. Strömender Regen. Unterm Regenschirm Zigaretten geraucht. Zu allen Stunden dieses Tages.

Zweimal kam Phyllis dazu. Jedes Wort war zu viel. Uns beiden.

Haben uns in die Arme genommen. Geweint.

Bin wieder hineingegangen. Ruhe.

Winsom und ich. Blicke genügten.

Habe gesungen, leise. Ein Schlaflied. Mein linker Arm auf dem Kissen über ihrem Kopf an ihrem Haar. Meine rechte Hand an ihrer Schulter.

Habe sie gehalten, ohne sie zu berühren.

Habe gesummt. Schlaflieder.

Bin gegangen, als es dunkel war.

Bin gegangen, wollte nicht.

Bin gegangen.

In das Motel gefahren.

Habe in einem Buch gelesen. Ruhe.

Ein Anruf.

Sie ist gegangen.

Saß auf dem Bett.

Saß auf dem Bett.

Saß auf dem verfluchten Bett in dem verfluchten Motelzimmer. Und habe geheult und geheult, bis ich keine Tränen mehr hatte.

Danach habe ich mich angezogen. Kein Regen mehr. Zum Liquore Store. Flasche Sekt gekauft und Zigaretten. Abgebogen zum Strand.

Lief ganz, ganz nah ans Meer. Blickte hinaus. Schwarz der Himmel. Schwarz das Meer. Kein Horizont zu sehen, so wie an dem Abend, als wir uns das erste Mal getroffen haben, nachdem der Bekannte gesagt hatte: »Die musst du kennenlernen. Ihr werdet euch lieben.«

Waren ganz, ganz nah ans Meer gelaufen, bis die Wellen unsere Füße berührten. Hatten uns hingesetzt. Sie rechts von mir, das weiß ich noch. Sie mit geringelten Strümpfen, bis übers Knie gezogen, und schwarzen Schuhen und einer kurzen Hose und einem bunten Hemd und einer Schiebermütze auf dem Kopf. Von wegen, nachts sind alle Katzen grau. Sie war sogar im Dunkeln bunt.

Don't wear fair or nobody will know you're there, hatte sie gesagt.

Setzte mich in den Sand. In der Nacht ist der Sand kühler als am frühen Abend. Öffnete die Flasche Sekt. Here is to you. Musik. Geigen, Flöten, Klarinetten, Oboen. Schwebend, leicht, hell. Fröhlich, munter, frech. Von ihrem Lieblingsrebell. Auf der Suche nach Licht, wie sie. Ich zündete eine Zigarette an.

Sieben Tage. Als hätte sie es so gewollt. Vielleicht hat sie es so gewollt. Es sähe ihr ähnlich. Nicht Amerika hat sie geschafft. Nein. Sie hat Amerika geschafft. Nie genug Geld gehabt. Keine Versicherung. Blieb.

Deutschland wäre sicherer gewesen. Leichter.

Frei fühlte sie sich *hier.*

»Weil du fast alles machen kannst, wenn du willst. Weil dir keiner reinredet, dich stört.«

Entfaltung, Inspiration. Weniger Enge.

Don't judge.

Sie ist Karussell gefahren. Hat allen gesagt, dass sie sie liebe. Risiko. Sie hat getanzt. Hat kaum Angst gehabt. Wild. Sie hat nicht alles mehr so ernst genommen. So hat sie gelebt. Im Jetzt. Auch darum ging es. Nicht um das Morgen, das vielleicht niemals kommt. Nicht um das Gestern, das längst gewesen ist. Einen Fehler gemacht? So what.

Sie hat es geschafft. Wenn nicht sie, wer dann?

Stille in mir. Meeresrauschen draußen.

Nach dem Aufwachen war der Tag sonnig. Strahlend schön. Oktober können warm sein in Los Angeles.

Bin noch einmal zum Wilshire Boulevard gefahren, Nummer 5900. Variety Building. Teile der Berliner Mauer schwebten aus dem Nachthimmel herab. Ich sah zu.

Blickte die Straße hinab. Down the street, wenn man das überhaupt so sagen kann, waren wir neunzehnhunderteinundneunzig. Dachten schon lange wieder an Politik, an große und an kleine. Waren längst angekommen. Hatten erlebt. Reagan. Bush. Hatten erfahren. Selber. Hatten gesehen. Schon genug in vier von elf konservativen Jahren. Erst im zwölften dann ein Mann mit Saxophon und in Jeans. Aus Hope in Arkansas. Aufatmen. Begeisterung. Nicht mehr altes, sondern junges Amerika. Frisch, wach. Ich weiß noch, wie sie spürbar war im Land, die Erleichterung und Hoffnung. Plötzlich war Bewegung da. In allen und in allem.

Neunzehnhunderteinundneunzig sahen wir im Haus auf

dem Hügel in Silverlake im Fernsehen Bilder, lasergesteuerte Bomben und Raketen. High-Tech. Chirurgische Genauigkeit.

Kayla war da, lag auf dem Sofa. Kayla war unsere Freundin und die Freundin von dem anderen.

Kayla, african american, war in der Army und weinte.

Kayla sagte, »Ich will den Krieg am Golf nicht kämpfen«.

Wir sagten, »Warum bist du in der Army?«

Kayla sagte, »Ich bin schwarz. Ich möchte studieren. Die Army bezahlt, wenn ich überlebe«.

Sie und ich sind losgefahren. Nein. Gerast. Durch den späten Abend bis zum Federal Building. Wir erwarteten eine Menge. Wir erwarteten das, was wir aus New York und San Francisco gehört hatten.

Wir haben uns hingestellt, ein Transparent in der Hand: No War.

Mit uns vielleicht noch dreihundert andere. Mehr waren nicht gekommen.

5900 Wilshire Boulevard. Unablässiges Verkehrsrauschen. Teile der Berliner Mauer wurden aufgestellt. Unaufgeregt. Beiläufig. Noch ein Nebenschauplatz in dieser Stadt.

Und ich. Und ein paar andere. Und Bauarbeiter.

Irgendeiner sagte etwas.

»It's a piece of artwork you know. Plus, it's a piece of history. I just remember Reagan saying, Gorbachev, tear down this wall. Now here it is. Putting it back up, in beautiful Los Angeles.«

Ich hätte sagen können, ich weiß noch, was war, als sie fiel. Es war ein sonniger Tag. Es war warm. Zwanzig Grad. Niemand dachte an Winter. Niemand an Deutschland.

Ich stand in Seans Café hinter dem Tresen und nahm Bestellungen entgegen: Double decaf Latte with low fat milk oder a half double decaffeinated half-caf with a twist of lemon. Kaffeebestellungen in Los Angeles sind eine Wissenschaft für sich.

Es war zwei Uhr nachmittags. Donnerstag. Donnerstage waren die ruhigen Tage. Zeit zum Plaudern mit den Gästen, die meisten Stammkunden, Schwule und Lesben. West Hollywood ist gay village. West Hollywood ist Partymeile. Nachdem sie die Nacht zum Tage gemacht haben, holten sie sich bei uns im Café ihre Pick-ups – starken Kaffee zum Aufwachen.

Einer erzählte mir von einem awsome durchtrainierten Schönling, den er in der vergangenen Nacht in der Disco kennengelernt hatte. Ein cooler boy aus Germany, echt blond und groß. Sie hatten Telefonnummern getauscht und sich zu einem späten Frühstück verabredet in Seans Café.

Das Telefon klingelte. Ich schob den Kaffee über den Tresen, einen Obstsalat und zwei Croissants. Dann nahm ich den Hörer ab. Es war nicht der schwule Deutsche, es war eine Freundin, die mich anrief, um mir zu sagen, »Die Mauer fällt.« und ich den Hörer aufknallte, nachdem ich gesagt hatte: »Verarschen kann ich mich selber.«

Ich sah zu dem hinüber, der vor den zwei Croissants saß, der im Obstsalat stocherte, der einen Schluck Kaffee nahm und auf den durchtrainierten deutschen boy wartete.

Ich fragte mich, wie lange er wohl warten würde oder müsste. Ich dachte, wie lange wir gedacht hatten, wie lange wir wohl warten müssten, bis die Mauer fiel. Wie lange wir gedacht hatten, dass sie wohl nie falle. Wie lange wir aufgehört hatten zu warten. Ich dachte, der Amerikaner, der auf den schwulen deutschen boy wartete, der ein Westdeutscher war, machte sich keine Vorstellung davon, was das hieß.

Yesterday is here.

Yesterday is gone.

Kreis geschlossen.

Nachdenken. Jetzt. Noch einmal. Dann nicht mehr.

Ich sage: Mein Gefühl war Exil. Das zu sagen befreit. Ringe nicht mehr mit dem Wort.

Exil ist Seelenzustand, manchmal vorübergehend. So war es bei mir. Etwas gab den Ausschlag. Keine Rückkehr möglich, nachdem wir weggejagt worden waren.

Abgehackt vom Rest der Familie. Vom Leben davor. Unterbrechung der eigenen Geschichte. Das macht etwas mit einem.

Sehnsucht nach Ankommen, Sehnsucht nach Rückkehr. Einsamkeit und Zugehörigkeit. Erinnerung kann krank machen.

Krank wollte ich nicht werden. Darum bin ich geflüchtet. Nach Amerika.

Annelise.

Sean.

Sie.

Ich.

Die Erfahrungen können variieren, die Gründe der Abreise von irgendwo tragisch sein, traumatisch. Das Ergebnis ist es nicht zwangsläufig.

»Jeder, der sein Land verlässt, geht anders damit um. Es gibt mehrere Möglichkeiten, wie immer«, hätte Sean gesagt.

»Immer geht es um den Verlust von home«, hätte ich gesagt.

Und Sean: »Oft um das Finden eines neuen.«

Ich hätte sagen können: »*When the sense of home,* das Gefühl von Zuhause, die mit einschließt, die im Exil sind, then exil *may be a home.*«

Den Satz las ich gestern. Kein Zufall. Sicher nicht. Nicht jetzt. Nicht hier.

War an einem kleinen Laden vorbeigekommen. Hinter einem Tisch saß ein Mann, streichelte einen Hund, trank Tee, las in einem Buch. Es war eines von vielen. Eines von vielen war das, in dem ich diesen Satz las. Ich las, dass die individuelle Erfahrung vielleicht wichtiger sei, als die Motive für den Weggang es seien. Denn, ob die, die gingen, gezwungen würden oder die »Wahl« hätten, oft sei der Unterschied nicht deutlich zu sehen. Sie verbinde ein Schicksal, eine Wirklichkeit: Sie seien erst einmal Fremde in der Fremde.

So war es für mich.

Für sie.

Für Sean.

Für Annelise.

»Sie haben etwas gefunden«, sagte der Mann.

»Yes«, sagte ich.

Er goss Tee in eine Tasse. Reichte sie mir.

Pfefferminz, während ich bezahlte.

Jetzt bin ich am Flughafen. Ich sitze auf einem harten Stuhl in einer Reihe von harten Stühlen, als wäre nichts geschehen. Dabei ist alles geschehen.

Hinter den Gläsern der Sonnenbrille sie vor Augen. Die letzten Tage. Die Begegnungen.

Ich störe mich an der Betriebsamkeit des Daseins an einem Flughafen. Ich sehe Leute. Ich höre Leute. Alle sind alle zu viel.

Und wieder ist es die Zeit, denke ich. Zeit. Vor und zurück, gleichzeitig. Das ist möglich. Zwei Züge, die aneinander vorbeirasen, einen Moment lang an derselben Stelle, und doch in entgegengesetzte Richtungen. Die bin ich in diesem Moment.

In weniger als einer Stunde fliege ich nach Deutschland. Ich fliege in das, was sein wird.

Das, was war, nehme ich mit, tucked in folded hands, hinter Lidern. Auch sie.

Ich weiß nicht, wann ich wieder nach Los Angeles kommen werde. Im Moment denke und fühle ich, niemals mehr. Los Angeles ohne sie gibt es nicht.

Wenn ich in weniger als einer Stunde nach Deutschland zurückfliege, gehe ich wieder einmal nicht, wie ich kam.

Nicht, weil ich nach zehn Jahren wieder hier war, sondern weil ich hier war.

Go with the flow, hätte sie gesagt.

Weil ich mich eingelassen habe. Vor allem, weil ich mich nicht mehr gefürchtet habe, nachdem ich einmal da war. Nicht vor dem, was auf mich zukommen würde. Nicht vor der Vergangenheit. Nicht vor dem, was mich so lange umgetrieben hat.

Exil ist kein *home* mehr. Das war einmal.

Darüber bin ich froh.

It has fallen into place. Mir gefällt die Redewendung. Oft ist es so, dass ich etwas lieber auf Englisch ausdrücke. Es ist bildhafter. Fall into place. An seinen Platz gerückt, an Ort und Stelle. Dahin, wo es hingehört. Geschehnisse lassen einen erst begreifen, was zuvor ungreifbar war. So war es jetzt. Das ahnte ich, als ich herflog.

Es gibt keine richtige Zeit. Es gab sieben Tage im Oktober zweitausendneun in Los Angeles.

»Manchmal denke ich, die Welt besteht nur aus Geschichten, aus unseren Geschichten. Vielleicht warst du nur, sind wir nur … Teilnehmer, um der Welt davon zu berichten. Wir können sie aufschreiben, verfilmen oder einfach vergessen. Oder wir können eine Symphonie komponieren. Wir können uns natürlich auch verrückt machen lassen und uns nicht mehr auskennen. Aber das werden wir nicht tun«, hat sie gesagt.

Quellen

S. 31 Antoine de Saint Exupéry, Der kleine Prinz, Karl Rauch Verlag, Düsseldorf 2000

S. 32 Curt Goetz, Die Tote von Beverly Hills, F.A. Herbig Verlagsbuchhandlung, Berlin 1951

S. 38 Hans Sahl, Das Exil im Exil, dtv, München 1994

S. 49 – S. 50 Hermann Kesten, Deutsche Literatur im Exil, Briefe, Verlag Kurt Desch, 1964

S. 135 Hermann Kesten, Deutsche Literatur im Exil, Briefe, Verlag Kurt Desch, Wien, Basel, München 1964

S. 136 Klaus und Erika Mann, Escape to Life, Deutsche Kultur im Exil, Rowohlt, Hamburg 1996

S. 138 Jane Roberts, Seth speaks, The Eternal Validity of the Soul, Bookthrift Co. 1985

S. 141 Raymond Chandler, Spiel im Dunkel, Verlag Kurt Desch, München 1958

S. 160 – S. 163 Jörg Steiner, Ein Kirschbaum am Pazifischen Ozean, Suhrkamp, Frankfurt am Main 2008

S. 181 – S. 189 Interview mit Annelise Bunzel 1999, Privatarchiv

S. 192 Antoine de Saint Exupéry, Brief an einen Ausgelieferten, Karl Rauch, 1948

S. 205 Orm Øverland, Visions of home, Exiles and Immigrants, aus: The dispossessed, An anatomy of exile by Peter Isaac Rose, University of Massachusetts Press, 2004 [illegible] Christian Ba[illegible]

[illegible] Rebekka Ha[illegible]

[illegible] am Abgrund[illegible]
[illegible] ersetzt [illegible]

[illegible] Literatur [illegible]
[illegible] München 1964
[illegible] Schwestern [illegible]

[illegible] ks, The Eternal [illegible]

[illegible] in Dunkel [illegible]

[illegible] Kirschbaum [illegible]
[illegible] am Main 2008
[illegible] Anneliese Emmel [illegible]

[illegible] erfahrenen [illegible]

[illegible] home, Exiles and [illegible]
[illegible] ed. by [illegible]
[illegible] Press, 2004